ゼロからはじめる通販アカデミー

田村雅樹
ダイレクトマーケティングゼロ 代表取締役社長

ダイヤモンド社

はじめに

「ほしいときに、ほしいものを、ほしいだけ買える」
「大型店舗にひけをとらない品揃え」
「かさばる商品も自宅玄関まで届けてもらえる」

従来の買い物とは違う魅力が満載の新しい消費文化「通信販売」。スマホやタブレット端末の普及も追い風となり、今やその市場規模は五・四兆円と百貨店に迫る勢い。流通業トップのコンビニと肩を並べるペースで成長を続けています。

一口に通販業界と言ってもその顔ぶれは実にさまざま。従来からの通販会社に加えて、メーカー、百貨店やスーパーなどの小売、卸売など、多様な業態からの新規参入が後を絶ちません。事業規模もまちまちで、大は超大手メーカーや総合商社から、小は個人事業主まで、多様なプレーヤーが一攫千金の鉱脈を求めて名乗りを上げています。

でも、残念ながらその多くは、夢見たような成功をつかめないまま、撤退や事業の見直しを余儀なくされています。あるECモールの閉店数は、月間二〇〇件とも三〇〇件ともされるほど。「ベルビュー」（メガネスーパー）、「文化放送Webショッピング」（文化放送開発センター）などの大型ECサイトの閉鎖がニュースになったのも、記憶に新しいところです。

成長戦略の目玉として始めた大手メーカーが撤退に追い込まれる一方で、家族経営のスモールカンパニーが瞬く間に年商数十億円を達成することもある。

いったい何が明暗を分けているのでしょうか？

それは、通販ビジネスに不可欠な「勝利の方程式」を守っているかどうか、この一点に尽きると僕は考えます。シンプルで誰にでも実践できるはずの方程式ですが、その存在さえ知らずにいる通販事業者も少なくありません。

例えば、常識とも言えるこんな方程式、あなたの会社では守られているでしょうか？

・変動費は売上の四〇％以下に抑える
・新規顧客の年間LTV（受注額の累計）は本品初回受注単価の三倍以上を目指す
・コールセンターでの解約回避率は五〇％以上を死守すべし

それぞれの方程式についてはおいおい詳しく説明していきますが、通販ビジネスはこうしたルールを押さえることで勝率がぐっと高まるビジネス。セオリーに従って立ちはだかる試練を乗り越え、目の前の目標をクリアしていけば、ゴールはぐっと近づきます。その行程はまるで課題攻略ゲームのよう。

課題攻略のポイントは、先ほど挙げたいくつかの方程式を見ればわかるように、「数字」にあります。

そう、通販ビジネスの最大の特徴は、すべての数字や情報を「見える化」できる点。リアル店舗と違い、顧客や商品、サービスにかかわるあらゆる情報を取得して、データベース化することができます。それらのデータをもとにKPI（業績目標の達成度を定量的に把握するための指標）をコントロールしていけば、進むべき道が見えてくるはず。

では、具体的にどんな数字をどのように使いこなせば、ゲームに勝てるのか？　この本では、その方法をわかりやすくお教えします。

1章では〝自社のために〟作る事業計画について説明します。収益計画をきちんと立てておけば、システム開発費などの固定費にお金をかけすぎて、肝心の広告宣伝のための資金が足りなくなるなんてこともありません。

2章は商品開発。「社長の思い入れで商品開発してしまった」「原価率の高い商品を大量仕入れしている」。こんな落とし穴に陥っていませんか？　魅力的なリード商品開発のテクニックを知ってください。

3章では、新規顧客の獲得方法を伝授します。商品の特徴や顧客ターゲットによって、選ぶべき広告媒体は変わってきます。費用対効果を上げる勝ちパターンを探りましょう。

ただし、本当に利益をもたらしてくれるのは既存顧客。やっとのことで獲得した新規顧客を、利益を生む優良顧客に育てる方法については、4章を読んでください。二回目購入者の割合「F2転換率」や、リピート率アップの秘訣を知っておきましょう。

5章では、今や通販には欠かせないウェブサイトについて取り上げます。閲覧者は多いのになかなか売上につながらなかったり、既存顧客に飽きられて閑古鳥が鳴くウェブサイトにありがちな問題を、すっきり解消する方法を紹介します。

6章と7章では、バックヤードに当たるコールセンターと物流のポイントを解説します。どちらも地味な存在と思われがちですが、競争力を左右することも。コストはもちろん、戦略的な視点で捉えることが重要です。

そして最後の8章では、組織について取り上げます。フロントヤードとバックヤードの摩擦、属人的な業務、全体最適の視点が欠けた組織風土など、起こりがちな組織の問題を克服し、メンバーのモチベーションを一気に上げる秘訣をお知らせします。

この本で書いたことは全部、僕自身が通販会社の一員として経験したり、クライアントとしっかりパートナーシップを組んだコンサルティングを通して実践してきたことばかりです。広告代理店などの通販ビジネスを外からしか見ていない人には、決してわからないことや把握できない数値も惜しみなく開示しています。

大学卒業後、僕が最初に就職したのは日本最大手の通信販売会社、ベネッセコーポレーションでした。

そこで約一〇年間、クリエイティブ、ダイレクトマーケティング、マネジメントに従事。幸いにして同社でナンバーワンのレスポンス実績を上げることができました。いまだその記録は破られていません。この会社で学んだ分析力は、現在の僕を支える大きな礎となっています。

その後、同社を退職。大手化粧品通販「エクスボーテ」のCRM事業部長に就任することになりました。当時、この会社は大きな赤字を抱えていたのですが、それまでの知識と経験を総動員して取り組んだ結果、一年後には黒字化を達成。二年後には三〇〇％以上の成長を果たすことができました。

そして独立。通販専門のコンサルティング会社という形で、より多くのお客さまと通販ビジネスの醍醐味を分かち合いたいと思い、二〇〇九年、ダイレクトマーケティングゼロを立ち上げました。創業から六年目を迎えますが、相談にいらっしゃるお客さまは実にさまざまです。大企業の通販事業責任者、中規模通販企業の役員、これからネット通販を立ち上げたいという個人事業主まで、多岐にわたります。

特に近年感じているのは、通販ビジネスにチャレンジする異業種の大手企業が増えているということ。そうした人たちとタッグを組み、ビジネスを軌道に乗せ、成功させる。そしてその喜びを一緒に共有する――それが僕たちの仕事です。

その証拠として、当社では「成果保証」を原則としています。いわゆるコンサルティングフィーではなく、売上アップまたはコストダウンの成果に応じた報酬を設定しています。そうすることでお客さまと一体となり、覚悟を持ってビジネスに取り組むことができる。それがダイレクトマーケティングゼロの信条だからです。

その成果もあり、世界から認められた実績を残すこともできました。ダイレクトマーケティング界のアカデミー賞といわれる「DMA国際エコー賞二〇一三」を受賞できたのです。また国内では、二〇一三年の五部門に引き続き、「全日本DM大賞二〇一四」で、金賞をはじめとする八部門を受賞することができました。中でも「クロスメディア賞」にただ一社選出されたのは、オンライン・オフラインを組み合わせたソリューションを提供できる唯一のコンサルティング会社であることの証明だと自負しています。

こうした実績を残すことができたのも、クライアント企業の皆さまが僕たちと一体となって目標を目指してくださったから。だからこそ僕たちも、ノウハウの出し惜しみは一切なし。全力で一緒に取り組んできました。

その基本的な姿勢はこの本でも同じです。僕が知る限り、事業計画から商品開発、販売促進から組織作りにいたるまで、ここまで幅広くかつ具体的に、通販ビジネスの課題攻略法をまとめた本はほかに存在しません。ただし、基礎的な内容を中心にまとめたので、少し物足りなく感じる通販企業の方もいるはずです。読み終わり、これは信頼できると思っていただけたら、直接ご連絡をください。精一杯、応えさせていただきます。

ほかの人が知らない武器を手に入れることで、ビジネスは断然、面白くなるし、成功率も高まります。通販ビジネスという最高にエキサイティングなゲームを思い切り楽しみ、そして勝利するための方程式を、この本で学んでください。

CONTENTS

CHAPTER 02

商品開発

最強の商品は用意できたか？

CHAPTER 03
新規獲得

最小コストで最大効果を生んでいるか？

CHAPTER 04
既存販促

宝の山が眠っていないか？

CHAPTER 05
ウェブサイト

データを店作りに生かしているか？

CHAPTER 06
コール
センター

顧客の声を聞いているか？

CHAPTER 07
物流

コストと質のバランスはとれているか？

CHAPTER 08
組織

チームで戦う準備はできているか？

事業計画

CHAPTER 01

勝ちパターンは見えているのか？

課題を攻略せよ

「当たれば夢の高収益を手にできるかもしれない」
「敷居が低いから挑戦しやすい」
「この画期的な商品なら絶対イケる」

やっておかない手はない！　とばかり通販ビジネスに着手したあなた。
ところが全く売れない。返品やクレームが相次ぐ。リピーターがつかない。赤字が続き、あっという間に資金ショートという最悪の結果に陥ってしまう。

いや、冒頭から景気の悪い話を持ち出して申し訳ありません。でも、通販ビジネスに携

わる人は、多かれ少なかれこうした経験があるのではないでしょうか。
この本では、通販ビジネスにありがちな失敗や誰もがぶつかる壁などを糸口に、通販ビジネスを勝ち抜く攻略法、「勝利の方程式」を紹介していきます。多くの初心者はこの方程式を知ることなく、いきなり体当たり型の通販ビジネスを始めてしまう。そして見事、玉砕なんてパターンが実に多いのです。

「はじめに」でもお話ししたように通販ビジネスとはいわば、次々に現れる課題や試練を乗り越えて目的達成を目指す課題攻略ゲームのようなもの。攻略法を会得してミスさえしなければ、本来は誰でも勝てるはずのものなのです。(もちろん目一杯、頭を使って考えることが大前提ではありますが。)

しかもすべてのプレーヤーには、データという武器が与えられています。どの商品が、どんな相手に、いつ、どのように、いくらで売れているのか。そのお客はどんな道(ルート)を通って、店を訪れたのか。一人のお客を獲得するため、どのくらいの費用をかけるべきなのか。そのお客をつなぎとめ、上顧客にするにはいくらかければいいのか。変動費は、固定費は、どの程度に抑えるべきなのか。

こうしたあらゆる数字や情報が「測れる」のが、通販ビジネスの最大の特徴と言えます。だからこそ、一つひとつの数字を組み立て、ひも付けをし、業績評価に欠かせない数値指標「ＫＰＩ」を設計していけば、まるでパズルが完成していくように、自社のビジネスの未来が見えてくるはずです。

通販は最高に楽しいビジネスです。狙い通りに事業を展開させていく醍醐味、エキサイティング感はまるで宝探しのロールプレイングゲームさながら。もちろん、失敗やスランプを体験することもあるでしょう。

しかし、それらの体験を「経験値」として生かしていけば、強くなれる。いや、むしろ小さなトライ＆エラーをスピーディーに積み重ねていくことが、事業の成長にとっては不可欠と言えます。

「そんな王道を行って勝てるなら苦労しないよ。邪道を研究しなきゃ」

こうおっしゃる方もいるかもしれませんね。でも、考えてみてください。邪道が王道に勝ったためしがありますか？ 邪道はやがて駆逐されるものです。

もしかすると皆さんが直面している課題も、多くの人が陥りがちな落とし穴かもしれません。

この本では、僕が実際に耳にした「あるある、こんな経験！」という、通販ビジネスを行う皆さんの声を紹介していきます。

その上でカギとなる数値指標を明らかにし、勝利の方程式を実践して壁を越える方法を見ていくことにしましょう。もしかすると、意外なほど簡単に、解決の糸口が見つかるのではないでしょうか。

まずは初心者が陥りがちな「事業計画」の落とし穴について取り上げます。

事業計画は誰のため？

ご存じのように事業計画書には、事業内容や取り扱い商品・サービスの概要、セールスポイントなどのほか、「資金繰り表」「損益計画書」などが必要です。

作成の一番の目的は、新しく会社を立ち上げる場合ならば金融機関の審査をパスすること、社内で通販事業をスタートするなら企画を通すことでしょう。でも実は、これが間違いのもとなのです。

事業計画は本来、〝自社のために〟作るものです。特に、「収益計画」は。

なぜなら、収益計画を立てれば、それを実現するためのKPI（Key Performance Indicator）——業績目標の達成度を定量的に把握するための指標——がおのずと導き出されるからです。

ＫＰＩは「ゴールの分解」によって導き出されます。それは、見通しのきかない暗闇を進むような新規事業にあって、夜道を照らす灯りや道しるべのような存在。ＫＰＩを設計せずにただがむしゃらに頑張っても、事業が順調に拡大しているのかどうか、ネックとなっているものがあるとすればそれは何かを、知ることはできません。

例えば、通販ビジネスで売上何億円、営業利益率何％という業績目標を掲げる場合に、ＫＰＩの一つとなるのが、広告宣伝や販売促進の費用対効果を示すＣＰＯ（Cost Per Order）。これをチェックすることで、利益率アップという目標の達成度合いを測ることができます（ＣＰＯについては後で詳しく説明します）。

ところが実際には、ＫＰＩどころか業績目標も曖昧だったり、中には十分な収益計画も立てないままに事業をスタートしてしまっているケースも少なくありません。これでは資金配分を誤って仕入れや広告宣伝にかける予算が足りなくなったり、売上に対する固定費の割合（固定費率）が高すぎて、売っても売っても儲からないなんて事態に陥る可能性も。

次に紹介するのもそんな、道に迷って途方に暮れることとなってしまった通販ビジネス初心者のケースです。

仲間とアパレル会社をはじめた、日暮里美咲さん(29)の場合
このたび仲間と新会社を立ち上げ、インポートセレクトショップを開くことになりました。ネットで！

イン
ポート！

なのですが…

通販サイトのこと全然わからん…

ん〜ミステリアス…

そこで、システム開発はまるっと依頼することにしました。

ぜひ、お願いします！

ビシッ
さっ
わ〜、オシャレ〜！ステキ〜！かっこいい！！

うちはシャレてまっせ〜

うちが扱うのはイタリア、フランスの高級インポート！ビジュアルは絶対に重要！

だいじ〜

だいじ〜

それから
うちは、いいモデルも紹介しますよ〜

なぬっ!?

高っ！

少し高いのですが、その分センスのいいものを作りますよ。任せてください！

みつもり
そんな調子で制作が進み…

じゃぁ、お願いしちゃおっかな〜

ついに完成
きゃ〜、オシャレ〜! カッコいい〜!
モデル使ってよかったね〜
わ、360度商品が見れる〜!
きゃっきゃっ♪
きゃっきゃっ♪
あ、請求書も来てる♪
クリック!
えっと、512万円と…
ご、512万円〜!?!?
きゃ〜
きゃ〜
きゃ〜
そうか…
追加費用が重なったんだ…
高いモデルも
使うてしもうた…
でも、こんなに、こんなに高いなんて…
もうまっ白に燃え尽きた…
まっ白な灰に…
えっと…
初期費用と運転資金を合わせて
予算は1500万円。
システム開発で512万円
かかっちゃったから、
手元資金は1000万円を
切った…ということは……
ブツブツ…
ブツブツ…
まだ白い…
これから買い付けに行かなきゃ
ならないのに、どうしよ〜!
きゃ〜!
きゃ〜!
きゃ〜!

営業担当者の甘い言葉に乗せられて、燃え尽きてしまった日暮里さん。実はこのパターン、立ち上げ期には意外なほど多いのです。広告代理店も制作会社も基本的に、結果に対する責任は一切負いません。判断するのも責任を取るのも自分自身なのです。

初めての自分のお店を「かっこよく作りたい！」と思うのは当然ですが、そのためだけに予算をつぎ込んで、広告宣伝、販促などのプロモーションのための資金が足りなくなれば、せっかくのお店にお客を呼べなくなってしまいます。

しかも彼女はテストマーケティングもしていませんでした。どれだけの人がショップを訪れてくれるか、効率の良い集客方法はどれか、売上はいくらぐらい見込めるのか。こうした情報はすべて、テストマーケティングをすれば本格的に開店する前でもある程度はつかめます。

皆さんが日暮里さんと同じ轍を踏まないように、通販ビジネスの立ち上げ期に犯しがちな「失敗ポイント」と、その攻略のための「改善アクション」をここで整理してみましょう。

「大丈夫。歩き出せば何とかなるはず」――それで本当に大丈夫？

立ち上げ期の「失敗ポイント」はココだ！

失敗ポイント1

システム開発にお金をかけすぎる

システム開発費は売上に関係なく発生する固定費の一つ。固定費がかさむと損益分岐点が高くなりすぎて、利益の出にくい体質になってしまう。事業規模や商材、顧客層によっても違ってくるが、立ち上げ時のシステム開発費は、どんなに高くても資金の一〇％以下に抑えておくべき。

失敗ポイント2

テストマーケティングをしていない

顧客や商品、プロモーションなどについて仮説と検証を繰り返すテストマーケティングは、通販ビジネスの常識。特に新規事業の場合、広告宣伝や商品販売のシミュレーション

を行って、市場の手応えを見てから本格展開につなげるのが、リスク回避のためにも欠かせない。右も左もわからない立ち上げ期間は小規模のテストを続けて、失敗を繰り返しながら勝率の高い方法を探し出そう。

失敗ポイント3

そもそも収益計画がない

前の二つの失敗と深く関係しているのがこれ。テストマーケティングをしなければしっかりとした収益計画は立てられないし、固定費をかけすぎるといった失敗が生まれる。

精度の高い収益計画があればKPIを正しく設計し、事業が本格的にスタートした後も、順調に進んでいるかどうかを知り、修正できる。

初めて事業を立ち上げる、あるいは大きく見直すときには、次ページの表のようなシンプルな収益計画を立ててみよう。予想される顧客数や売上高、固定費、変動費を入れると、利益が導き出される。

3月	4月	5月	6月
112	189	500	1,100
12	18	50	140
124	207	550	1,240
781,200	1,304,100	3,465,000	7,812,000
500,000			
200,000	200,000	200,000	200,000
1,000,000	1,000,000	1,000,000	1,400,000
600,000	600,000	600,000	600,000
140,616	234,738	623,700	1,406,160
18,600	31,050	82,500	186,000
60,760	101,430	269,500	607,600
117,180	195,615	472,500	1,039,500
▲ 2,100,000	▲ 1,300,000	▲ 100,000	1,940,000
▲ 7,200,000	▲ 8,500,000	▲ 8,600,000	▲ 6,660,000

固定費を圧縮しておくことが利益の出やすい体質作りの第一歩

の高いビジネスを目指そう！

収益計画はきっちり立てる

		1月	2月
顧客数	新規顧客数(リピート率○○%)		96
	既存顧客数(F2、定期など区分して管理)		
	計		96
売上	売上高(受注率・平均受注単価で算出)		604,800
固定費 売上高にかかわらず発生する費用	システム開発費	2,000,000	1,000,000
	システム運営管理費		
	広告宣伝費(CPO○○○円)		1,000,000
変動費 売上高の変動に応じて増減する費用	人件費	600,000	600,000
	商品原価		108,864
	受注費		14,400
	資材・発送費		47,040
	販促費・成果報酬型		90,720
利益	月次	▲ 2,600,000	▲ 2,500,000
	累積	▲ 2,600,000	▲ 5,100,000

肝心なのはココ。立ち上げ当初の赤字は仕方がないが、コストを絞って利益率

攻略のための「改善アクション」はコレだ！

改善アクション1

固定費はできるだけ抑える

初めから固定費をどーんとかけてしまい、後で必要になるプロモーションや仕入れのための資金が足りなくなってしまうケースはよく見受けられます。

「固定費」は売上や操業の度合いに関係なく発生する費用のこと。不動産の賃貸料や機械のリース料、設備の減価償却費、通信費などが代表的なものですが、日暮里さんが投資しすぎてしまったというサイト開発費も固定費に含まれます。商品パンフレットなどの制作費も、立ち上げ期にかかりがちな固定費ですね。

このほか通販ビジネスでは、システム運営管理費、広告宣伝費、ＰＲ費用なども固定費に含まれます。

一方、「変動費」には商品原価や受注費、発送費、資材費、決済手数料、販売促進費、

そして人件費があります。

事業計画の基本中の基本は可能な限り固定費を抑えること。固定費の負担が重いと動きが鈍くなって、なかなか利益が出ません。広告宣伝費を除いた固定費は総予算の二〇%くらいにとどめて、利益の出やすいスリムな体質にしておきましょう。

立ち上げ期は、広告宣伝費を細かく分けて管理し、テストしていく必要があります。媒体や対象、ビジュアルのパターンなどを変えて、売上や顧客数、そしてCPOを見ながら、それぞれの費用対効果を検証します。

もしも他の固定費をバーンとかけてしまっていたら——。当然テストできる回数は限られ、最悪の場合、一発勝負に出るしかなくなってしまうのです。

特に、初期費用はできるだけ抑えておきたいもの。「お昼時は誰もいなくなっちゃうから、外部にコールセンターを構えなきゃ」「督促機能もアウトソースしなくちゃ」などと、最初から万全の備えをしようとする人は少なくありません。でも、いろいろ考えて頭でっかちになってしまった結果、顧客が十分に獲得できなければ元も子もありません。細かい機

固定費＝脂肪を減らして利益の出やすい体を目指そう！

能は後から臨機応変に追加していくことにして、最初はとにかく節約を。

小規模でスタートさせて、新規顧客を獲得するための広告宣伝費を少しでも多く確保する。これが鉄則です。初期は予算の半分以上、うまく回り出してからも、売上の四〇%以上は広告宣伝費に回して事業拡大を目指しましょう。

ただし、固定費の中でもPR費は少し特別な項目。ちなみに、PR(Public Relations)とは広報のことで、広告宣伝とも販売促進とも異なります。宣伝や販促といったプロモーションは、お金さえ払えば基本的には自分たちの思う通りのことができます（実際には、掲載基準などいろいろな制限がありますが）。

一方のPRは、メディア側が取り上げるかどうかを判断して、情報や紹介の内容も決めます（お金を払って記事などの形で紹介してもらうタイアップPRもあるのでややこしいのですが、基本はこれです）。

商品の広告宣伝の効果は、そのときは発揮されても、ずっと残るものではありません。

これに対して、ＰＲ効果の高い媒体に商品が取り上げられて記事になれば、後々、資産になります。記事を見て別の取材が入ることも期待できるし、消費者の認知度も確実にアップします。「ＴＶの情報番組の取材を受けました」「有名女性誌で取り上げられました」とサイトに掲載すれば、会社や商品への信頼度も高まります。

「ＰＲ費をうまく活用すれば、ある種の資産になる」ということを覚えておいてください。

改善アクション２

テストマーケティング期間を作る

次のページの表を見てください。僕があるクライアントのために作った、プロモーションの計画表を簡略化したものです。

注目してほしいのは、八月から一月までの「テストマーケティング期間」。先ほども説明したように、この期間に細かく分けて管理して、いくつものパターンでプロモーションを打って、それぞれの売上や顧客数に対する効果をテストしていきます。確率の高い「勝ちパターン」を見極めるまで、辛抱強くテストを繰り返してください。

表のテストマーケティング期間は半年間ですが、場合によっては一年以上かかる可能性もあります(ちなみに当社なら、商品さえ良ければ三カ月間でも大丈夫です)。はっきり言ってこの期間はかなり苦しい。なぜなら、儲からないからです。でも、ここで腰を据えて粘れるかどうかが勝敗の分かれ目。売上目標も理想値の二分の一に設定して、過度な期待をせずに、ひたすらテストを重ねることに注力しましょう。

立ち上げ期は当然ながら、黙っていてもリピートしてくれるお客などいません。営業利益はゼロに近い状態です。そんな中、新規顧客をつかむために複数の媒体に最小限のコストをつぎ込み、クリエイティブのパターンを変えながら、当たりを探していくわけです。

では、そんなに苦しい思いをしてまで探らなければならない「当たり」とは、具体的に何を指すのか。それはズバリ、「ＣＰＯ」にほかなりません。

ＣＰＯは通販ビジネスで最も重要なＫＰＩの一つで、一件当たりの注文を獲得するためにかかった費用のことです。広告宣伝や販売促進にかかった費用を、受けた注文数で割って算出します。つまり、ＣＰＯが低ければ低いほど、効果的なプロモーションができてい

テストマーケティング期間のCPOは、目標値の2倍に設定
目標CPOに到達　広告費を増加

12月	1月	2月	3月	4月	5月
100	100	400	600	900	900
370,000	370,000	1,480,000	2,220,000	3,330,000	3,330,000
1,000,000	1,000,000	3,000,000	3,000,000	4,500,000	4,500,000
10,000	10,000	7,500	5,000	5,000	5,000
100	100	100	120	150	225
370,000	370,000	370,000	444,000	555,000	832,500
800,000	800,000	600,000	600,000	600,000	900,000
8,000	8,000	6,000	5,000	4,000	4,000
20	20	100	150	150	150
74,000	74,000	370,000	555,000	555,000	555,000
200,000	200,000	500,000	750,000	750,000	750,000
10,000	10,000	5,000	5,000	5,000	5,000
60	60	140	200	300	300
222,000	222,000	518,000	740,000	1,110,000	1,110,000
840,000	840,000	1,400,000	1,400,000	2,100,000	2,100,000
14,000	14,000	10,000	7,000	7,000	7,000
30	30	40	60	90	90
111,000	111,000	148,000	222,000	333,000	333,000
120,000	120,000	120,000	120,000	180,000	180,000
4,000	4,000	3,000	2,000	2,000	2,000
30	30	40	60	90	90
111,000	111,000	148,000	222,000	333,000	333,000
120,000	120,000	120,000	120,000	180,000	180,000
4,000	4,000	3,000	2,000	2,000	2,000
20	20	30	30	40	60
74,000	74,000	111,000	111,000	148,000	222,000
120,000	120,000	120,000	120,000	120,000	180,000
6,000	6,000	4,000	4,000	3,000	3,000

CPOが下がり始める＝勝ちパターン発見

広告費を増やして攻勢をかける

CPOを測って「勝ちパターン」を見つける

CPO=広告費・販促費÷受注件数			8月	9月	10月	11月
紙媒体	雑誌 目標CPO =5,000	受注件数	0	0	100	100
		売上	0	0	370,000	370,000
		広告費	0	0	1,000,000	1,000,000
		CPO	0	0	10,000	10,000
	新聞 目標CPO =4,000	受注件数	100	100	100	100
		売上	370,000	370,000	370,000	370,000
		広告費	800,000	800,000	800,000	800,000
		CPO	8,000	8,000	8,000	8,000
	フリーペーパー 目標CPO =5,000	受注件数	20	20	20	20
		売上	74,000	74,000	74,000	74,000
		広告費	200,000	200,000	200,000	200,000
		CPO	10,000	10,000	10,000	10,000
	折込チラシ 目標CPO =7,000	受注件数	60	60	60	60
		売上	222,000	222,000	222,000	222,000
		広告費	840,000	840,000	840,000	840,000
		CPO	14,000	14,000	14,000	14,000
ウェブ	PC（SEO、AF、リスティング） 目標CPO =2,000	受注件数	30	30	30	30
		売上	111,000	111,000	111,000	111,000
		広告費	120,000	120,000	120,000	120,000
		CPO	4,000	4,000	4,000	4,000
	スマートフォン（SEO、AF、リスティング） 目標CPO=2,000	受注件数	30	30	30	30
		売上	111,000	111,000	111,000	111,000
		広告費	120,000	120,000	120,000	120,000
		CPO	4,000	4,000	4,000	4,000
	純広告 目標CPO =3000	受注件数	20	20	20	20
		売上	74,000	74,000	74,000	74,000
		広告費	120,000	120,000	120,000	120,000
		CPO	6,000	6,000	6,000	6,000

テストマーケティング期間。この間は苦しいけれど、我慢のしどころ

るということです。

前ページの表の左から二番目の列にあるように、媒体ごとに目標値となるＣＰＯを決めておきます。ただし、テスト期間中は本来の目標ＣＰＯの二倍に設定。そして毎月、小規模でテストを繰り返しながら、まずはこの目標値に近づけていきます。各媒体につぎ込むコスト、その結果、獲得した新規顧客数、そのリピート率などを毎月チェックし、うまくいかなければ要因を考えて再チャレンジします。

原因は媒体にあるとは限りません。もしかしたら値段にあるのかもしれないし、商品名がイマイチなのかもしれない。あるいは商品そのものに足りない部分があるのかも。


そうやって販促や商品・サービスのテコ入れを繰り返し、少しずつＣＰＯを目標に近づけていくわけです。例えて言えば、ゴルフのコースに出る前に打ちっぱなしで練習を積むようなもの。「よし、これでいける」となれば予算をつぎ込み、規模を拡大していけばいいのです。

そうなれば、投資規模を上げることができ、その分、より多くのリターンが望める。初期投資が早期に回収できるだけでなく、投資すればするほど儲かる、という勝ちパターンに乗れるのです。

ところで、ここまでCPOをいかに下げるかについてお話ししてきましたが、通販ビジネスでもう一つ着目すべき指標に「限界CPO」があります。CPOを逆の視点から見たもので、一件受注するのにぎりぎりここまでならつぎ込めるぞ、という金額のことです。当然、高いほど新規顧客は獲得しやすくなります。

では、どうすれば限界CPOを高められるのか。その方法は大きく分けて次の二つです。一つは顧客一人当たりの年間売上額を上げること。もう一つは逆に、売上当たりの変動費を下げることです。顧客獲得のために必要なもの以外の余分なコストをかけないことがどれだけ重要か、わかっていただけるのではないでしょうか（一人当たりの年間売上額アップについては4章で説明します）。

先ほど説明したように、固定費を少なくしておくことが大事ですし、場合によっては原価率や受注費などの変動費削減の検討も必要です。

改善アクション3

KPIを管理する

通販のKPIには先ほど登場したCPOのほか、後の章で説明するLTV（Life Time Value）やMR（Media Ration）、顧客区分別リピート率などがあります。KPIは事業運営の道しるべですから、最初の設計後も折に触れてチェックして、何度も何度も見直します。例えばCPOは、テスト期間終了後も広告宣伝の効果測定とシミュレーションを引き続き行って、さらに引き下げる努力をします。

繰り返しになりますが、通販ビジネスは顧客数やプロモーションに対する反応などの数字を正確に把握できるのが特徴。過去の成功・失敗要因の分析はもちろん、今後のビジネス展開の予測も可能です。広告宣伝費をいくらかけると、新規顧客が何人来て、そのうち何%が何カ月目にリピートするか、リピート顧客の平均受注単価はいくらか――こんな具合に精緻にシミュレーションしていくと、月次の顧客単価や売上が出てきます。また、それに連動する変動費も計算できます。

「変動費」については、全体の事業計画の中で、売上に応じた割合で指標管理をすると、より簡単にシミュレーションすることができます。商品原価、人件費、受注費、配送費、決済手数料などの比率を算出すれば、営業利益率管理の重要な検討材料になります。変動費率（変動費÷売上高）の目安は四〇％以下。それより高い場合は見直しが必要です。

ここで、「人件費が変動費？」と驚かれた方もいると思うので少し説明を。確かに売上が増減しても社員に払う給与はすぐには変えられないので、固定費に分類するのが一般的なのは皆さんよくご存じの通りです。でも僕はあえて、「人件費は変動費と考えてください」とお客さまに伝えるようにしています。それは経営者はもちろん社員の方にも、利益に対する意識を強く持ってほしいと考えているから。どうすればもっと売れるか、何か良い経費削減方法はないかというときに、人件費も意識してほしいのです。だから、本社ビルや製造設備と同じように固定費に分類するのではなく、売上に対するコストと考えます。

テストマーケティングを何度も重ねて、シミュレーションを行い、ＫＰＩを管理する。これが通販ビジネスで成功するための、最も基本的かつ大切なポイントであることを覚えておいてください。

目標共有で戦えるチームを作る

事業計画を作ることの大切なメリットがもう一つあります。それは、「目標値をチーム全員で共有できる」こと。

「来年は○○億円達成！」といったざっくりしたスローガンでは、一人ひとりが何をどう頑張ればいいのかわかりませんよね。ところが、事業計画を作ることで全社的な必達目標を数字で示し、固定費や変動費の内訳をきちんと管理するようにすれば、おのずと各部門がやるべきことも見えてきます。

新規顧客の担当部署ならCPOの引き下げや顧客獲得数アップが目標になるし、既存顧客向けの販売促進部ならF2（Frequency 2：二回目の購入）転換率のアップなどが目標になるでしょう。商品原価率を下げるには購買部が、受注費の売上比率ダウンはコールセンターが頑張る。さらに物流部門は配送費や支払手数料率をもっと下げる——という具合に、各部門の具体的な目標がすべてガラス張りになるのです。

　こうなると一つひとつの部門、そして一人ひとりのメンバーが、自ら考え、工夫し、最終目標を共有できるようになります。そう、事業計画は決して経営陣だけのものではありません。「自分たちも売上を作っているんだ」「ここで自分が頑張らないと利益が何%下がっちゃう」などとメンバー全員が思ってくれたら、仕事も楽しくなるしチームの結束も固くなる。ほかの部署の仕事も理解できるようになって、会社全体が活性化するはずです。当社でももちろん、「コミットメント一覧」を作成して、目標を共有しています。

　なお、全員で共有する目標値は、できれば二つ作っておきましょう。あまり目標設定が高いと「どうせ達成できっこないよ」と、かえってモチベーションダウンを招いてしまうからです。まずは達成しやすい目標をクリアして、次に高い目標を目指していくというように、マイルストーンを置いておけば、確実に達成感、成長実感を得ることができます。

Column

立ち上げ期は「直販」と「委託」の併用もお勧め

収益計画を立てる上での最重要項目は、売上高と利益高です。とは言っても、既存顧客を確保するまではどうしても利益率は低くなりがち。そんなときに活用できるのが「卸通販」です。

販売チャネルの面から通販ビジネスを見ると、「直販」と「卸通販」（委託）の二つに大きく分けられます。

直販は、自社の受注チャネル、配送チャネルを利用した消費者への直接販売のこと。一方の卸通販は、すでに販路を持っているカタログ通販会社やインターネット専売業者向けに、一定の掛け率で販売します。

「どちらがいいですか？」と聞かれることがありますが、立ち上げ期に限ってはうまく併用することをお勧めしています。

卸通販には、カタログやTV、ウェブなどさまざまな媒体を使った事業者がありますが、委託ビジネスですから顧客リストは入手できません。また、上代《じょうだい》（標準小売価格）の三五～五五％を基本とした下代《げだい》（卸値）で販売しなければなりません。

ただし、自分たちで集客する必要がなく、広告宣伝費を肩代わりしてもらえるのは大きな魅力。たとえ薄利でも利益を確保し、これを元手に直販のための原資を稼ぐことは可能です。また、商品選定のプロである委託先のバイヤーから意見をもらえる、商品の認知度を上げられる、リピート顧客が直販に流入することも多い、などのメリットもあります。

こうした卸通販のメリットを享受しながら、同時に直販を展開することで、自社の中に顧客リストを蓄積していきましょう。そうして立ち上げ期を過ぎ、ある程度の事業規模になったら、卸通販からは卒業を。直販で勝負し、ダイナミックな成長路線へと切り替えてください。

《事業計画》勝利の方程式

テストマーケティング回数

×

シミュレーションによるKPI設計

＝

勝てる通販事業

- 広告宣伝費を除く固定費 ≦ 総予算×20%
- 変動費 ≦ 売上×40%
- 広告宣伝費 ≧ 売上×40%

商品開発

CHAPTER 02

最強の商品は用意できたか？

仕入品にも商品開発は必要

何をどう売るかが決まらないことには何も始まりません。そういう意味で商品開発は、通販ビジネスの肝心要と言っていいでしょう。

商品開発というと、新しい素材や技術を使って、まだどこにもないものを作る、そんなイメージがあるかもしれません。しかしそれは、一面にすぎません。自社で製造したオリジナル製品だけが、商品になるわけではありません。ＯＥＭを利用することもあれば、他社も扱うものを仕入れて売る場合もあります。

ただし、こうした場合にも商品開発は必要です。市場や顧客のニーズを読み取り、それに合うものを見つけ出し、売れる商品、利益の出る商品に作り上げることも、立派な開発

プロセスの一つと言えます。

「どんな人向けのどんな商品なのか？（プロダクト）」「適正な価格は？（プライス）」「流通経路・チャネルは？（プレイス）」「どう販促するか？（プロモーション）」。製品戦略、価格戦略、流通戦略、広告・宣伝戦略の四つのマーケティング戦略（４Ｐ）を組み合わせたマーケティングミックスを行って初めて、製品は「商品」になります。

つまり、売り物がたとえ仕入品だったとしても、それを「商品」に仕立てるのは通販事業者自身、ということ。


ところが残念なことに、このルールを知らない通販ビジネスのビギナーは少なくありません。業者から「売れますよ」と勧められた製品を自らの手で「商品開発」することなく、そのまま売ろうとして、失敗してしまうのです。

いや、さらに言えば、製品を選択する時点から間違った「商品開発」をしてしまっていることもあります。次に紹介するレストランチェーン会社のケースはまさにそれ。いったい何がいけなかったのか、見ていくことにしましょう。

レストランチェーン会社・開発部部長、目黒隆さん（46）の場合
当グループはさまざまな飲食店を全国展開していますが・・・
居酒屋
高級かっぽう
和食
一〇年前のピーク時と比べると、現在の店舗数は三分の一ほどになりました。
ああ〜〜
景気悪化
閉店
でも、長年おつきあいさせていただいたお客さまのリストだけは充実しています。
おまえは宝物だよ、一生大事にするね
ぎゅっ
顧客
そこで、その顧客リストをもとに通販事業に参入することになりました。
通販伝説の幕開けじゃ！じゃ、頼むよ
←社長
手始めに、有機玄米の黒酢を仕入れてみました。
ん、うまい！
これ仕入れますよ！
まいど〜
さっ
バン！
くろず くろず くろず
健康ブームだし、黒酢は人気あるし♪いきなり流行に乗れちゃったな〜♪
売り切れご免だな〜

しかし…
会社
さっぱり売れない…
……
ず
ちっ！ 配送費をただにしてくれるっつーから600ケースも注文したのによ～やってられね～よ
やけ黒酢
ぐびっ
ズシーン
そもそも下代《ゲダイ》が売値の55%じゃ、完売してもたいした利益が上がらないじゃん
そういえば、黒酢って大手会社がすでに販売してるよなぁ…
ズーン
RRR…
あ、目黒さんですか？次は玄米売りませんか？玄米！人気あるんですよ～
はい？
黒酢より、玄米のほうが売れるかも！
米は毎日食べるし！
はっ！
もうこれ以上在庫を抱えられないよ～！助けて～!!!
※ココにいる

マンガだから大げさに描いている？　いえいえ、それは違います。事実、こういう状況になってから相談された経験が僕にも何度もあります。そのたびに思ったのは、もっと早い段階で来てくれたらよかったのに、ということ。もちろん挽回の手段はありますが、遠回りは避けられません。

目黒さんのように新規事業に参入する場合、実績のある取引先の助言に頼りたくなる気持ちはよくわかります。だからと言って、先方の言葉を鵜呑みにして、すでに大手が手掛けている商品を選んでしまっては勝ち目がありません。

特に通販立ち上げの際の第一弾の商品は、新規顧客や後々のリピーターにとって大切な「入り口」。雑貨屋で言えばワゴンにどーんと積まれた、思わず手に取ってみたくなるポップで手頃な品々といったところでしょうか。平凡な商品や価格では、通りすがりの人を引きつけることはできません。

通販の場合も、基本は同じ。どこにでもあるようなオリジナリティに欠ける商品は、絶対に避けなければなりません。

目黒さんには新商品の開発も、ぜひ慎重にしてほしいところ。商品のラインナップには関連性が必要です。

原材料は同じ玄米だし、どちらも健康に良いとされているので、一見つながりがありそうに思えるかもしれませんが、手軽に黒酢を飲んですませたい人と、白米よりも調理に手間と時間がかかる玄米とでは、購入層のズレは意外に大きいものです。仮に、今の黒酢にファンがついたとしても、玄米を一緒に購入してくれる人がそのうちどのくらいいるかは疑問です。

「直感でいいと思ったから」「簡単に作れそうだから」と、安易に飛びつくのはとても危険なことなのです。

商品力が弱ければ、どんなに効率的なプロモーションをやっても、コストを削減しても成長は望めません。次の失敗ポイントを踏まえて、本当に勝てる商品を、シビアな目で開発するようにしてください。

商品開発の「失敗ポイント」はココだ！

失敗ポイント1

原価率の高い商品を大量に抱える

業者に勧められる通り、原価の高い商品をいきなり大量に製造したり仕入れたりしてしまう。在庫の山に埋もれたまま、取り返しのつかない赤字を抱え込むことになる。

失敗ポイント2

商品に特徴や魅力がない

通販事業以外での自社のブランド力を過信するなどして、安易な理由で既存の商品に手を出してしまうケースは少なくない。世間にいくらでも類似品のある商材では、際立った特徴や魅力がない限り、スポットは当たりにくい。

失敗ポイント3

商品同士の関連性がない

深く考えもせずに、思いつきで商品ラインナップを増やしてしまう。特定のジャンルの商品だけを扱う単品通販の場合は特に、商品同士に関連性がないと効率が悪く、顧客の納得感も得られにくい。

攻略のための「改善アクション」はコレだ！

改善アクション1

仕入品に頼らない

1章で「まずは小規模で始めましょう」と説明しましたが、商品開発に関してもそれは同じこと。目黒さんのような、いきなり大勝負、しかも商品は業者から仕入れたものというのは、残念ながら最悪のパターンと言わざるをえません。

結論から言いましょうか。実は仕入品は通販ビジネスの世界において、そもそもあまりお勧めできない商材なのです。

「え、だって、手っ取り早く通販ビジネスを立ち上げるのにはもってこいだと思うけど」と考える読者は多いことでしょう。確かに手軽なのは事実。それなりに売れている商品ならば、リスクが低いようにも思えます。

その上、何かと便利。仕入先の中には、お客から受注があれば、その都度発注できる「受注発注システム」を売りにする業者もあります。通販会社としては在庫リスクを抱えずにすむ上、大量に仕入れる必要がなく、小資金で取引できます。

仕入れのみならず、在庫管理、受発注、梱包や発送、問い合わせ対応まですべて代行する「ドロップシッピング」というサービスもあります。こうなるともう、通販業者がやることは商品セレクトだけ。副業で通販をしてみたい、という個人事業主に人気があるのもうなずけます。

良いことずくめのようですが、その半面、いやそれだからこそ、「利幅が少ない」というデメリットがあります。

通販事業者が直接、顧客に販売する直販ならまだしも、カタログやテレビ通販などの卸通販の場合、卸値は売値の四〇～五〇％ほど。ECモールで販売する場合は、システム使用料やクレジットカードなどの決済代行手数料、ポイント費用だけでも一〇％はかかりますし、送料も自己負担。

こうした厳しい条件にもかかわらず、もともとの原価率が高かったら――どれだけ売っても思うように利益が上がらないのは目に見えていますよね。あくまで目安ですが、食品なら三〇％以下、化粧品だったら二〇％以下程度を目指しましょう。

さらに仕入品で忘れてはならないのが、「将来、販売個数が増えても、スケールメリットをきかせられない」という点。取引量が増えれば、仕入価格もある程度は下げてもらえるでしょうが、自社、あるいはOEMで製造する場合のような、大幅な原価率の低下は望めません。

将来を見越して、できるだけ早い段階で魅力のあるオリジナル商品を開発するようにしてください。

改善アクション2

小ロット、低めの原価率で始める

そもそも、原価率や価格を、出たとこ勝負で決めるのはとてもリスキー。事業計画を立てるときに、あらかじめ設定しておくのが正解です。

「この商品は年間、一人当たり何個ぐらい売れるのか？」「新規顧客の何割くらいが定期購入してくれるのか？」「この商品と一緒に購入してくれそうな商品は？」

先の先まで展開を読んだ上で、適正な顧客単価、商品原価を探っていきたいもの。

そして、商品が完成してもいきなり大量生産はしないこと。まずは小ロットで始め、テスト販売で手応えを見ながら、商品や価格の最適化を繰り返す。このPDCA（計画、実行、評価、修正）のサイクルを回しつつ、適正なレベルをつかみましょう。

余談ですが、当社には過去に、何と原価ゼロ円の商品でスタートアップし、たった一年間で顧客三〇〇〇人を獲得。しかも定期購入率一〇〇％にまで伸ばした実績を持つ社員がいます。いったいどんなマジックを使ったのか、気になりますよね。

実はこの社員、「これは」と思ったOEMメーカーを訪ね、「この商品なら売れる。お客をつかんだら発注するから」と口説き、無料でサンプルを一〇〇個ほど作ってもらったのです。それをもとにフリーペーパーでテスト広告を打ち、一番反応の良かった広告訴求で販売。あっという間に本製造の発注にこぎつけました。

しかも定期購入しか受け付けなかったので、リピート率は非常に高く、一年で黒字化を実現しました。

原価率ゼロ、つまりノーリスクでテストフェーズを終えてハイリターンを得た、まさに「ウルトラC」とも言えるテクニック。もちろん、誰もがマネできるわけではありませんが、リスクを徹底的に抑えるためにはこんな方法もあることを覚えておいてください。

改善アクション3

魅力的なリード商品を開発する

新規顧客の心をつかむ、訴求力ある最初の商品を開発できるかどうか——。事業の成功も失敗も、まずはこの点にかかっています。市場に攻め込むのにふさわしい「リード商品」

が、是が非でも必要です。

自社の収益の柱となるリード商品を生み出すための「コンセプトシート」も作成しておきましょう。

商品開発のためのシートというと、「コンセプト概要」「アイデアの背景」「ターゲット層のプロファイル」「想定競合先」「価格」などを書き込むのが一般的。でも、広告・宣伝が命の通販ビジネスの場合はさらに一歩進めて、顧客を説得するためのネタや具体的な販促方法などについてもじっくり検討しておきたいところです。

私たちの会社で作るコンセプトシートは、広告やチラシなどの制作物をイメージしたもの。「実際の商品もないのに広告を作るの？」と疑問に思われるかもしれませんが、商品ができてしまってから、アピールポイントが今ひとつはっきりしないことが発覚。などという事態を避けるためには、これはとても有効な方法です。

まず初めに、訴求ポイント（商品を購入することで得られるメリットやゴール）と、そ

商品開発はコンセプト作りから

コンセプトシート

メイン訴求

スフィンゴ脂質×微粒子×ハーバルエキス！
大人ゆらぎ肌のホルモンバランスにアプローチする
潤う洗顔フォーム

チラシで言えばキャッチコピーに当たる、最も強く訴えたい点。

コンセプト説明

大人のニキビの原因の一つとされる毛穴のつまりや汚れをやさしく洗い流して、つるつるの肌を保つ洗顔料です。配合の美容成分が毛穴になじんで、しっかり保湿しながらニキビを予防。天然ハーバルエキスが至福のリラックスタイムを演出します。

メイン訴求を噛み砕いて説明。下に続く訴求ポイントのリードに相当。

訴求ポイント1

効能・特徴

・天然のハーブの恵みと抗炎症成分で
・肌に潤いをもたらし、炎症を抑えます
・天然ハーバルエキス4配合

××××　×××××　××××　×××××

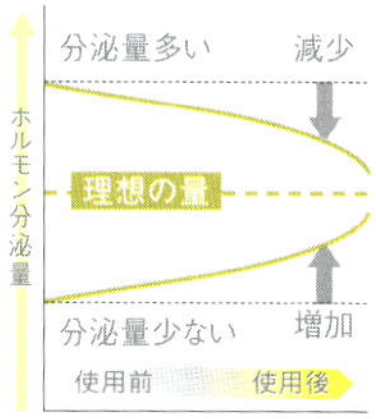

訴求ポイントの根拠。商品の効果・特徴を、数値や画像などのデータを示して、裏付ける。

訴求2

商品情報

・名称
・容量
・サイクル（約1カ月分など）
・価格ほか

チラシや広告などの制作物をイメージして、
そこから商品開発にあたる

の根拠（訴求ポイントを理論やデータで裏付けたもの）を決め込みます。ここがしっかりしていればいるほど、購入者にとっては「買う理由」が増える、つまり売れる商品ができるというわけ。

後は、価格や容量、販売チャネルなどの商品概要を決めて、それに則って実際の商品を開発していきます。

ここで気をつけてほしいことが二点あります。

一つは、「リピートしやすい商品を設計すること」。一個を使い終えるのに半年〜一年くらいかかってしまうような購買サイクルの長い商品では、なかなかリピートしてもらえません。リピート頻度を上げられるよう、できるだけ購買サイクルの短い商品を設計するようにしましょう。

もう一つは、「抱き合わせで売れる商品も、あらかじめ一緒に考えておくこと」。ファンデーションを売り出すなら下地クリーム、化粧水なら美容液、といった具合です。

関連商品を並行して売ることを、「クロスセル」と言います。詳しくは４章で説明しま

すが、クロスセルは既存顧客のLTVを引き上げるために不可欠な施策。そのための「クロスセル商品」は、なるべくリード商品と近い派生商品を選ぶのがコツです。もっと言えば、リード商品から見た「お隣の商品」であることが大切です。

わかりにくいかもしれないので少し説明しましょう。例えば、ある会社のリード商品が化粧水だったとします。この場合、次に開発すべき派生商品は何だかわかりますか。それは美容液か洗顔フォームです。

その理由はなぜか。女性ならすぐにわかると思いますが、化粧水を塗る前後の行動をよく考えてみてください。そう、一般的な肌の手入れのステップは、洗顔↓化粧水↓美容液の順になるはずです。

しかしこれが、ファンデーションだとどうでしょうか。「肌に付けるものだから同じ派生商品じゃないか」と思われる方もいるかもしれませんが、実は大きく違います。なぜなら、ファンデーションはメイク用品に入り、基礎化粧品である化粧水から見ると、途中にいくつものステップが入ってしまうからです。

●クロスセルはお隣から

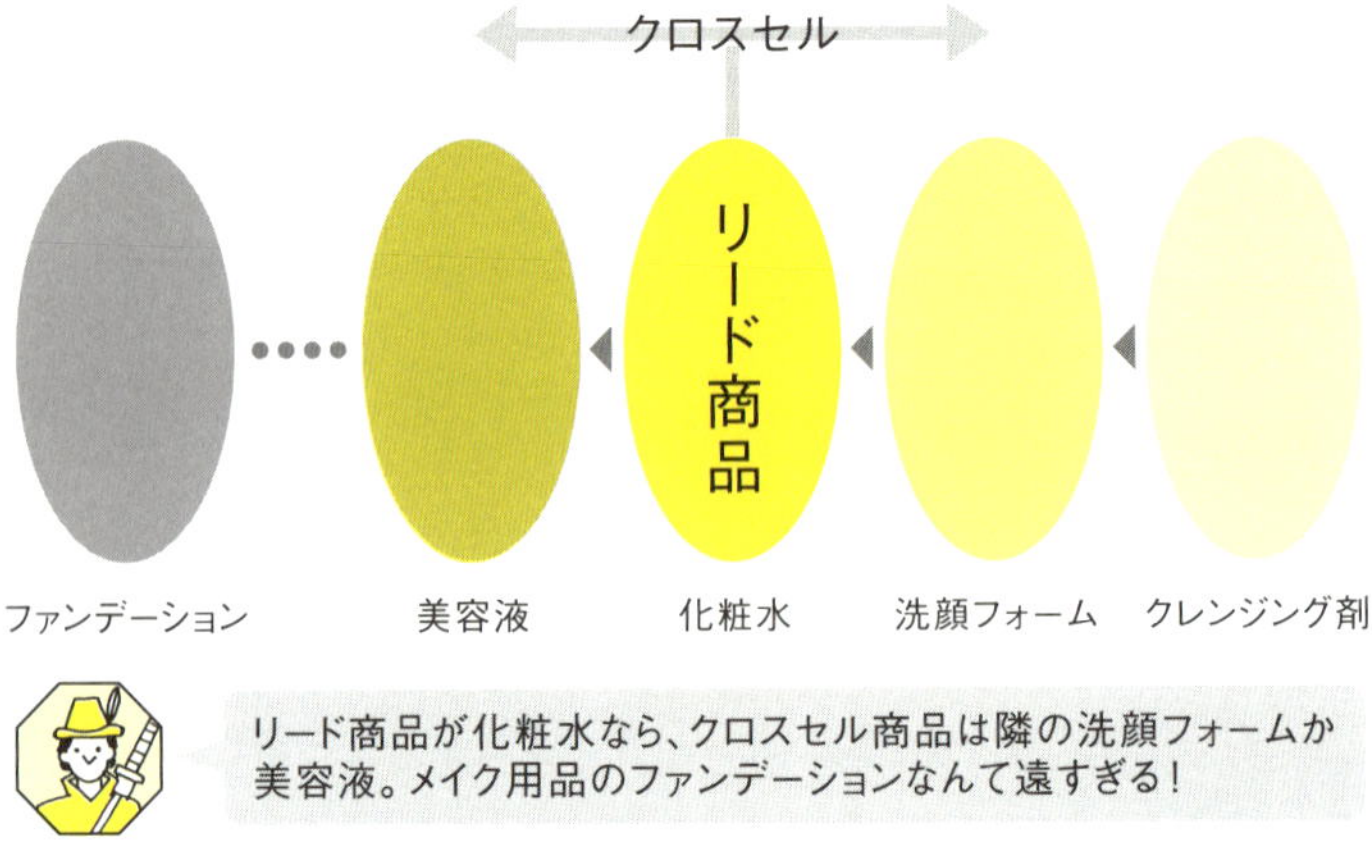

冒頭の目黒さんのケースもそうです。「一発目に黒酢ドリンク、二発目に玄米」では、一見同じ健康食品に見えてもその隔たりは決して小さくありません。手軽に黒酢を飲みたい人と、調理に手間も時間もかかる玄米を選ぶ人とでは、商品に求めるものも、それに対するアクションも大きく違ってくるのです。

だからこそ商品開発は、顧客のニーズや行動をしっかり読んで、リード商品とクロスセル商品をしっかり関連づけなければなりません。

そもそも、クロスセル商品が次々と思い

浮かぶようなリード商品を開発しないと、一発屋に終わってしまい、顧客単価はいつまでたっても伸びません。リード商品はいわば絶対的エース。この軸がしっかりしていなければ、勝つどころか試合になりません。

ただし、どんなヒット商品も、やがて寿命が尽きます。次のリード商品となりうる第二、第三の矢も、早めに用意しておきたいですね。

3S（ストーリー・新規性・差別化）で魅了する

では、どんなリード商品が顧客の心をつかむのでしょうか。

ここでぜひ意識してほしいのが、ストーリー、新規性、差別化の「3S」です。

まず「ストーリー」とは、一言で言えば商品の付加価値。商品の良さを裏づける情報やその背景をわかりやすく語るものです。

その典型例が、私たちの会社のお客さまでもあるシービック社が開発した石けん「ガミラシークレット」。イスラエル北部のガリラヤ地方に住むガミラ・ジアーというおばあちゃんが、土地に伝わる植物療法をベースに、長年、試行錯誤を重ねて完成させた、というものです。

キャッチコピーは「最大の欠点は単なる石けんに見えてしまうこと。」というもの。ただの石けんに見えて実は……という物語を売っているわけですね。ちなみにこの石けんは、化粧品の口コミサイト「アットコスメ」の洗顔部門で第一位を獲得したこともあります。

もしあなたの会社が、通販ビジネス以外ですでに実績や知名度があるなら、そのブランド力を活用しない手はありません。安易な依存と効果的な活用は、全く別のものと考えてください。

ただし、高級そうなイメージや老舗の伝統といった〝何となくの印象〟は、通販ビジネスではそれほど意味を持ちません。皆に「あの会社なら確かにそういうものを作るだろうな」と受け取ってもらえるような、〝説得力のあるストーリー〟が必要です。

例えば富士フイルムの「アスタリフト」。独自のナノテクノロジーを使い、天然成分「アスタキサンチン」を配合した化粧品です。

全く畑違いの印象ですが、フィルムの成分のおよそ半分をコラーゲンが占めていると聞

けば、思わず納得。化粧品のイメージとそぐわない社名をあえて前面に押し出したことが功を奏し、注目を集めました。

ストーリーが重要なのは、企業だけでなく個人の場合も同様です。

・前職……三つ星レストランの元シェフパティシエが作るスイーツ　とか
・家業……老舗酒蔵の十六代目が開発した麹を使った化粧水　とか
・趣味……世界ランキング一位のプロゲーマーが開発した脳トレ　とか

その人ならではの付加価値を前面に押し出して、強みを生かしたものづくりや、感動の開発秘話で顧客の心を動かし、信頼感を高めましょう。「売れる物語」こそ、販促の強力な武器となることを覚えておいてください。

ここまで読んでもうお気づきかもしれませんが、この3Sのうちの新規性と差別化は、

商品の3S

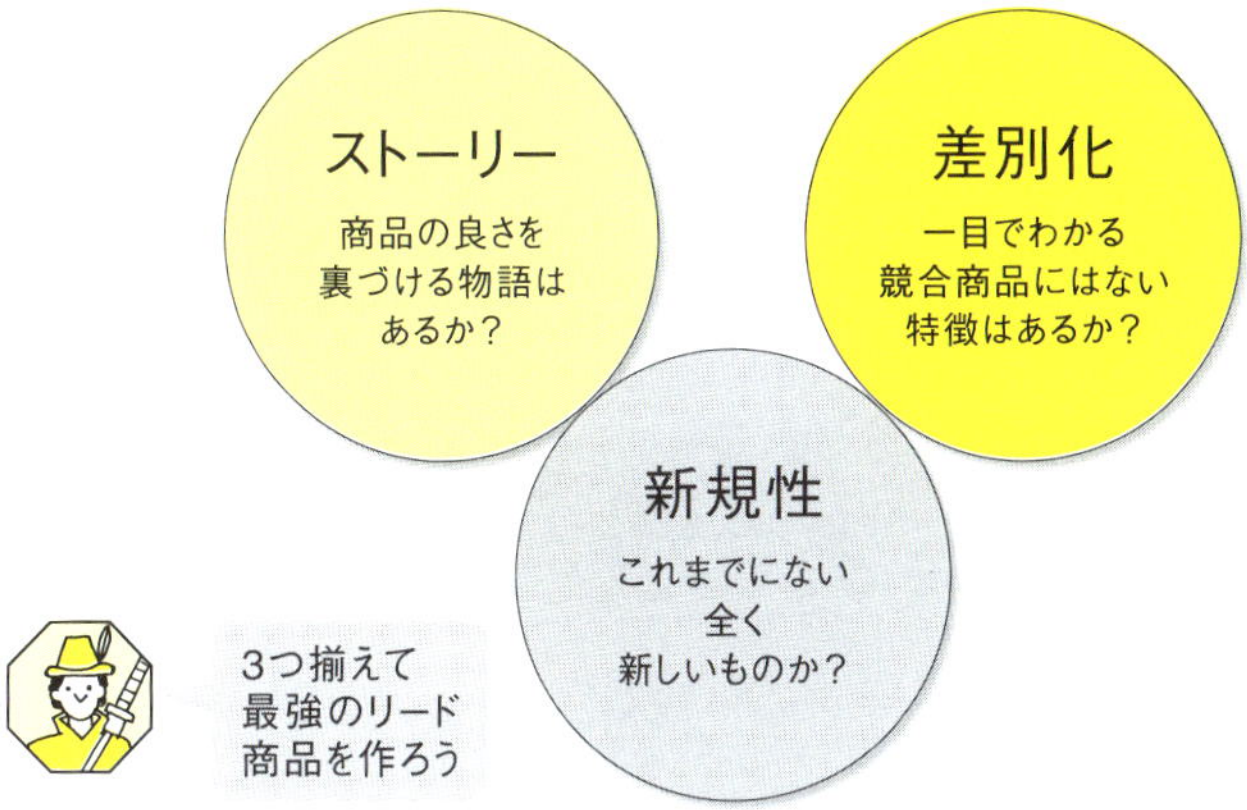
ストーリー
商品の良さを裏づける物語はあるか？
差別化
一目でわかる競合商品にはない特徴はあるか？
新規性
これまでにない全く新しいものか？
3つ揃えて最強のリード商品を作ろう

仕入品では満たすことができません。製造する会社が別なのですから、独占販売でない以上、同じものがよそでも売られることになります。

そうなると最終的には価格をどこまで引き下げられるかといった消耗戦に巻き込まれるのがオチ。

仕入品に頼りすぎてはいけない理由はここにもあるのです。

「ありえない商品」でなければ意味がない

3Sの二つ目、「新規性」とは、世の中にない商品を追求すること。すでにプロダクトライフサイクルが終わりかけた他社商品を、「ヒットしたから」と後追いするのはいただけません。

自社の成功パターンから脱却できないケースもよく見られますが、これもNG。

「ありえないだろう」「そもそも無理だろう」。そんな反対意見が周囲からどっと寄せられるような〝逆転の発想〟に挑戦してみてください。

例えば、筆記具メーカー・パイロットのフリクションシリーズ「フリクションボール」。

このボールペンに使われているインキは、六五度以上の熱で消色する特徴があるのですが、特殊なラバーでこすると摩擦熱が発生。この仕組みを活用し、書いた文字を〝消せるボールペン〟として、大ヒット商品となりました。

コンビニのおにぎりも、かつては〝ありえない〟商品でした。店頭におにぎりを置きっぱなしにしていたら、米が冷えて硬くなり、まずくなってしまうからです。かと言って、炊きたての温度を保っていれば腐敗が進んでしまう。

ところが、セブン-イレブンでは何度もテストを繰り返した結果、「炊きたてのご飯を少し冷ました二〇度で保管することにより、鮮度とおいしさを保てる」事実を発見。生産現場から陳列ケースまで常に二〇度程度を維持し、いつでもおいしく食べられるおにぎりを実現しました。

いずれも店頭販売品の例ですが、イメージや目を引くデザインで売るのが難しい通販商品の場合、なおさら大胆な発想力が必要です。実際、「塗ると肌色に合わせて色が変わるファンデーション」「炭酸が詰め込まれた固形石けん」など、ユニークな商品が続々と登場しています。

誰でも思いつく、すぐにでも実現できそうなものは、すでに製品化されていると思って間違いありません。むしろありえない商品だからこそ挑戦しがいがあるし、実現できたときの報酬や喜びが大きいのは、ゲームや恋愛と同じかもしれません。

最後の「差別化」とは、既存商品との違いをはっきり打ち出すことを指します。ここで問われるのは「わかりやすさ」。

「何となく元気になってきました」「おかげで毎日、健康的な生活を送っています」といった「お客さまの声」を紹介して終わり、という広告を目にすることがありますが、これでは全く不十分です。「これまでの商品とは明らかに違う点」が一目でわかる材料を仕入れておきましょう。

健康食品や化粧品を例に具体的に言えば、含有成分の量や質に関する値や治験データ、食品分析センターの証明書、効果が実感できる使用前・使用後の写真などがそれに当たります。これらは商品を開発する前、できればコンセプトシートを作成する段階で用意しておき、販促戦略に活用するのが望ましいです。

強すぎる思い入れや過信は禁物

商品開発で一番難しいのは、「客観性」を持ち続けることかもしれません。苦労して開発した商品が特別だと思う気持ちは理解できますが、問題は自分だけでなく、皆にとってそれが特別かどうかということです。

でもこれ、口で言うほど簡単ではないのです。

特に小さな会社の場合は要注意。大きな組織なら、社内のライバル部門や何にでもダメ出しするネガティブチェッカーから、いやでもマイナス評価される機会があります。気分は良くないでしょうが、商品を磨き込むのには絶好のチャンスでもあります。

ところが、小さな会社で社長のワンマン経営だったりすると、物事が決まるスピードが

速い半面、冷静な目で「ちょっと待った」をかける人がなかなかいません。「これはいける」「いいぞいいぞ」で盛り上がってしまって、勢いだけで売り出してしまうなんて話も決して珍しくないのです。

客観視する目がないのならば、それに代わるものを用意するしかありません。そう、「モニターテスト」です。

特に最初に開発するリード商品はどうしても思い入れが強くなり、客観的に評価しづらいので、商品開発のためのコンセプトシートを作成したら、ターゲット層にモニターになってもらい、テストを繰り返しましょう。

評価の結果は、商品の改善に生かします。「成分を追加する」「香りを抑える」あるいは、「OEM先を変える」など。

僕がコンセプトのコンサルティングを行うときは、毎回二〇～三〇名のモニターを集め、商品コンセプトを伝えた上で、実際に使ってもらうようにしています。一〇〇点満点のモニター評価シートで八〇点をクリアできない場合は、商品化自体を断念していただく場合もあります。それとは別に、五〇〇～一〇〇〇名のモニターに広告訴求をぶつけて、購買意欲を一〇段階評価で得点化もします。

それほどリード商品は、念には念を入れて開発すべき。ここで失敗すると、どんなに広告宣伝に投資したところでリターンは望めません。最強と自信を持って胸を張れる商品開発を心掛けてください。

《商品開発》勝利の方程式

ストーリー ＋ 新規性 ＋ 差別化

×

小ロット

×

低原価率

＝

勝てる商品

●商品原価 ≦ 商品単価×20%

※食品の場合は、商品原価 ≦ 商品単価×30%

新規獲得

CHAPTER 03

最小コストで最大効果を生んでいるか？

どうやって新たな顧客を連れてくるのか

事業計画と最強の商品が揃ったところで、いよいよ次は「新規顧客の獲得」に乗り出しましょう。ここで大切なのは、たとえ複数の商品があったとしても、リード商品一つに絞ってプロモーションを行う、ということ。

考えてもみてください。もしも仮に、「ナチュラル志向の石けん」「色むらなく均一に塗れるファンデーション」「足のむくみを解消するストッキング」を同時期に発売、宣伝したとしたらどうでしょう。

顧客の属性やニーズが三つに分かれてしまい、方針がブレてしまいますよね。たとえ一つひとつの商品が魅力的であったとしても、新規顧客を獲得する上では、相乗効果を発揮

するどころか、混乱を招くのが関の山。ここは思い切って、最も魅力的なリード商品を新規顧客の入り口にし、顧客の流れを一つに絞りたいもの。

そして、彼らがどんな属性で、どんな志向、どんなニーズを持つ人々なのか、事前に細かくシミュレーションするのです。

ターゲットが明確になったら次は、社運をかけたリード商品を売って売って売りまくるため、プロモーション計画を練りましょう。

一番重要なのは媒体選び。通販ビジネスの世界では、「媒体＝売り場」。お客さまを引きつけ、口説くための場所を慎重に探さなくてはなりません。

ところが、この媒体選びが、意外と適当に行われているケースが少なくないのです。

化粧品会社の若き二代目社長、恵比寿さんもその一人。自分の代で会社を衰退させてはいけないと意気込んだものの、勢い任せの無計画な媒体選びが、思わぬ結果を生んでしまいます。

化粧品会社の二代目社長、恵比寿祐介さん(32)の場合
親父から受け継いだ訪問販売主体の化粧品会社。
ブイブイ!
二代目
会社
長年、会員さまに自社化粧品を販売してきました。
んま〜いつ見てもお若い!永遠の20代!
これがないとお肌が荒れちゃうのよ〜
ホーホホホー
ん〜、さすがに会員さまの平均年齢が上がってきて、今後の見通しがつかないな〜
パック中
おぼっちゃま、お茶ですわよ
そこで、遅ればせながら通販事業に参入することにしました。
よし、いざ出陣!
うん、ツルツル
かがみ
そして…
わ〜い、ホームページができた〜♪
ホームページ
RRRR
RRRR
今日電話多くない? どうしちゃったのかしら?
RRRR
RRRR
RRRR
RRRR
RRR
RRRR

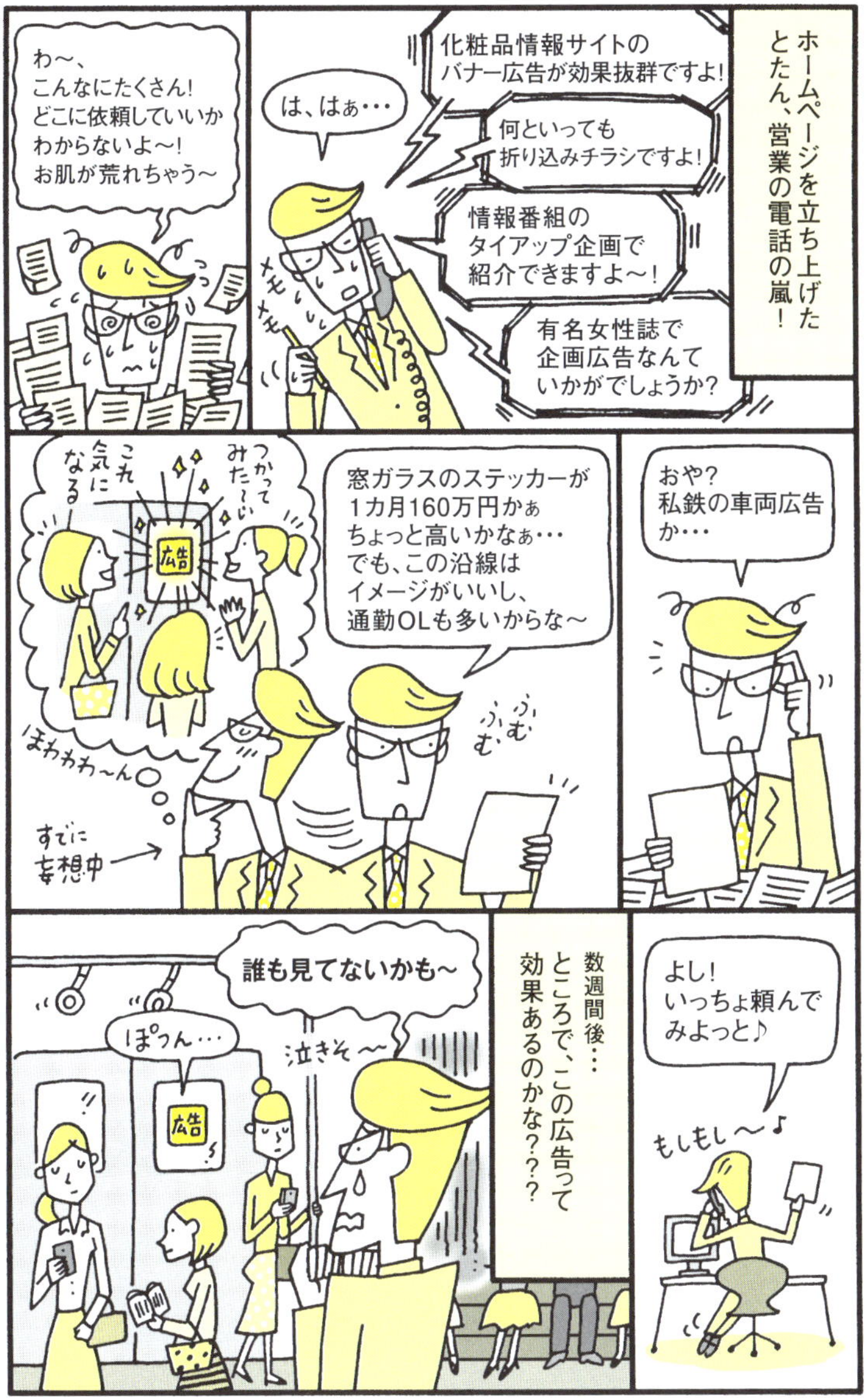
ホームページを立ち上げたとたん、営業の電話の嵐！
化粧品情報サイトのバナー広告が効果抜群ですよ！
何といっても折り込みチラシですよ！
情報番組のタイアップ企画で紹介できますよ～！
有名女性誌で企画広告なんていかがでしょうか？
は、はぁ・・・
メモメモ
わ～、こんなにたくさん！どこに依頼していいかわからないよ～！お肌が荒れちゃう～
おや？私鉄の車両広告か・・・
窓ガラスのステッカーが1カ月160万円かぁちょっと高いかなぁ・・・でも、この沿線はイメージがいいし、通勤OLも多いからな～
ふむふむ
これ気になる
つかってみた～い
広告
ほわわわ～ん
すでに妄想中
よし！いっちょ頼んでみよっと♪
もしもし～♪
数週間後・・・ところで、この広告って効果あるのかな？？？
誰も見てないかも～
泣きそ～
ぽつん・・・
広告

恵比寿さんが感じている困惑や不安は、新しく通販事業を始めた人の多くが経験していることです。

通販のホームページを立ち上げたとたん、じゃんじゃん鳴り響く電話。期待に胸を膨らませて受話器を取ったものの――残念ながらその電話、お客さまからのものではありません。広告代理店やＰＲ会社の営業攻勢にさらされるのです。

「テレビで紹介しますよ」「有名女優に使用感を喋らせますから」。魅力的な誘い文句に、ついクラクラしてしまう気持ちもわからなくはありませんが、その結果に彼らが責任を持ってくれるわけではないのです。くれぐれも早まってはいけません！

恵比寿さんはイメージだけを頼りに、きちんと検討することもなく、一六〇万円という多額のコストを車両広告につぎ込んでしまいました。確かに大勢の人が利用する路線なら、露出度は抜群と言えます。

しかし、電車内で広告を見て、通販で商品を注文する人が、いったいどのくらいいるのでしょう？

その上、車両広告には効果が測りづらいという欠点があります。車両広告だけではありません。サンプリング、テレビ、雑誌の広告、イベント協賛なども同じ。たくさんの人に知ってもらえる半面、その中の何人がアクセスしてきたかがわかりにくい。だから、CPOもコントロールしづらいのです。

1章の内容を少しだけ思い出してみてください。事業を立ち上げてからしばらくは我慢の時期。小さな額で、メディアや対象、クリエイティブを変えてテストを繰り返して、勝ちパターンを見つけることが大事だとお話ししました。

そんな時期に、当たれば大きいけれど確率は低い、あるいはよくわからないなどというものに、大金をつぎ込む余裕はないはず。媒体をよく吟味して、効率良くCPOをコントロールしなければなりません。

新規顧客獲得の「失敗ポイント」はココだ！

失敗ポイント1

得意分野だけに力を入れてしまう

通販ビジネスにとって広告宣伝はガソリンのようなもの。どのメディアにいくらかけるかが、ビジネスの明暗を分けると言っても過言ではない。

ところが実際のところ、新規顧客獲得に当たってつい選びがちなのが「自分が得意な媒体」や「ビジネス上の関係が深い媒体」。先入観やしがらみは捨てて、シビアな目でメディアを選ぶべし。

失敗ポイント2

媒体ごとの特性を理解していない

媒体によって閲覧者や表現方法も違う。つまり、商品の特徴やターゲットによって、紙

媒体向き、ウェブ媒体向き、インフォマーシャル（テレビなどで放映される商品や企業の情報番組）向きなどがあることを理解しよう。

失敗ポイント3

費用対効果を比べていない

どんぶり勘定でメディアレーション（MR）を扱ってしまうケースは少なくない。MRは、ある広告による売上額をその広告にかかった費用で割ったもの。つまり、大きければ大きいほど効率的と言える。

ただし、媒体や商品によっても違うので、単純に比較することはできない。

「ウェブ媒体」「紙媒体」と分けるのはもちろん、さらに細かく「アフィリエイト（ブログやメールマガジンなどからショッピングサイトなどにリンクを張り、そこを経由して購入や資料請求などに至った場合、リンク元に報酬が支払われる販促手法）」「メルマガ」「チラシ」などと分類した上で、それぞれのコストと成果を測り、費用対効果を比較しよう。

攻略のための「改善アクション」はコレだ！

改善アクション1

ローコストで確実に成果が出る媒体から始める

先ほど、媒体によって閲覧者も違えば表現方法も違う、とお話ししました。それはそうですよね。会社勤めのビジネスウーマンにとって、平日午前中のインフォマーシャル番組はなかなか目にするチャンスがありません。また、高齢の女性で、アフィリエイトでリンクされた商品ページから買い物をする人はまだ少数派ではないでしょうか。

商品のターゲット層によって紙媒体向き、ウェブ媒体向き、インフォマーシャル向きなどがあるのです。

商品自体の特徴も、媒体選びの重要な要素になります。効果がはっきりしていて、使用前、使用後の違いが見てすぐわかる商品はテレビ向きです。一方、開発秘話や独自の成分

などの説得材料をしっかり説明したい商品は紙媒体向き、といった具合です。

では、ウェブ媒体に向いているのはどんな商品でしょうか。

それはズバリ、ニッチな商品。例えば、ニキビに悩む人に読んでほしいメッセージを、新聞の折り込みチラシに掲載するのは非効率ですよね。十代を主な読者とする雑誌への広告なら、少しはターゲットに近づけるかもしれませんが、若者が全員ニキビで困っているわけでもありません。

最も効率が良いのは、明確なニーズを持つ顧客の側から探してもらうことです。つまり、「ニキビ」のキーワードで検索したときに、検索エンジンの上位に表示されるようにリスティング広告を出したり、検索結果の上位に来るようにSEO(Search Engine Optimization)対策をするのです。

ニキビ、シミ、高脂血症……悩みの種はさまざまですが、解決したいと願う多くの人は、自分から情報を集めようとするはず。逆に言えば、「ニキビ」で検索した人のほぼ全員が、症状を改善したいというはっきりとしたニーズを持っているということです。

もうおわかりですよね。ウェブ媒体の特徴は「効率性」です。広告が一定数クリックされるまで掲載されるクリック保証型や、商品の注文や資料請求件数などの成果に応じて費用が発生する成果保証型の広告が多いので、CPOがコントロールしやすいのが最大のメリットです。

これに対して、テレビや紙媒体などのメリットは「拡大性」です。広がりのある規模の大きな市場にアプローチできるのは大きな魅力ですが、一般的に費用が先出しでかかり、それに見合ったレスポンスが得られない可能性も決して低くはありません。

実際、全国紙に全面広告を出したのに、かかってきた電話はわずか数十本などという、笑えない話を耳にすることも珍しくありません。当たれば反響は大きいけれど、その確率は極めて低いという意味では、一種の博打のようなものと言ってもいいでしょう。

こう説明すると、「じゃあ、バナー広告を使おう!」と、言い出す人がいます。確かに

サイトに広告画像を貼り付けて、広告主のサイトにリンクさせるバナー広告の露出度はかなりなもの。さんざん見せられて食傷気味なのに、ふとしたタイミングでついクリックして、そのまま買い物――そんな経験、誰にでもあるのではないでしょうか。

でもちょっと待ってください。バナー広告はたいてい、「固定費型」「インプレッション保証」「ページビュー保証」などと呼ばれる課金方式を採っています。これは、広告コンテンツの表示が一定回数を満たすまで掲載される仕組み。確実な気がしますが、その半面、広告料の高さも相当なものです。うまく新規顧客獲得に結びつかなかった場合、目玉が飛び出るようなCPOになってしまう――というケースはままあります。

メリットとリスクは表裏一体です。本来は効率性重視の媒体と、拡大性重視の媒体の両方の良さを生かして、バランスをとりながら事業を拡大していくべきでしょう。でも何かとリスクの大きい立ち上げ期には、効率性を重視するのが賢明と言えます。

CPOのコントロールが難しいテレビや紙媒体を活用するのは、ウェブ広告でテストと改善を重ねて、訴求ポイントやクリエイティブの「これだ」という方向性をつかんでからでも遅くありません。

いずれにせよ、初期はローコストで効率的、そして何より確実に成果が出る媒体を選び、ちまちまテストを繰り返すのが正解です。

改善アクション2

CPOをコントロールできる媒体を選ぶ

では、具体的にどんな媒体を選べばいいのか。

相性は商品によって違いますが、最も効率的、つまりCPOをコントロールしやすい媒体は、先ほども登場したアフィリエイトにほかなりません。何しろ、売上一件ごとに対価を支払う成果報酬システムなので、「支払コスト＝CPO」というわけです。自社が目標とするCPOに合わせて、成果報酬の単価を設定することも可能です。

ただし、問題がないわけではありません。よく聞くのは「アフィリエイトって新規顧客はつきやすいけど、リピートのお客が取れないんだよね」というもの。なぜだと思います

●媒体特性を知ればメディアレーションは上がる

	ウェブ媒体	紙媒体
CPOをコントロールできるか	◎	△
狙ったセグメントにリーチできるか	◎	○
購買にどれだけつなげられるか	△	◎
顧客側からのアクションを引き出せるか（プル型マーケティング）	◎	△
拡大性はあるか	△	◎
定期購入へスイッチさせられるか	△	◎

か。それは一般的に、成果報酬単価が高すぎるためです。

アフィリエイターの中には、より高額の成果報酬を得ようと、自分で商品を購入する「自己購入」や「なりすまし」が紛れ込んでいることも少なくありません。つまり、高いコストと引き換えに獲得したお客が、本当のお客さまではない可能性もあるということです。

確かにアフィリエイトはCPOをコントロールできる点は魅力ですが、無理に拡大しようとするとリピートが取れなくなる、この点だけは覚えておきましょう。

次にお勧めしたいのが、検索エンジンの検索結果画面に掲載するリスティング広告です。グーグルの検索結果に連動するのがグーグル・アドワーズ、ヤフーに連動するのがスポンサードサーチです。

課金は一クリックごと。クリック率のほか、クリック後の閲覧状況、コンバージョン率（サイトを訪れた人のうち、商品を買ったり、資料請求したりする人の割合）も、グーグル アナリティクスなどのツールを使って解析できます。ですから、こちらもCPOがコントロールしやすいのです。

例えば「一クリック三〇円」のリスティング広告を利用したとしましょう。訪問者に対する購入者の割合を示すCVR（Conversion Rate）が二％の場合、CPOはいくらでしょうか。そう、三〇円÷二％＝一五〇〇円ですよね。

最初はなるべく安心、着実、確実に。クリック率やコンバージョン率がはっきり見えるものから始めましょう。繰り返しになりますが、CPOがコントロールしやすい媒体から着手するのが一番です。

では、目指すべきCPOのレベルとはどのくらいか。ざっくりした数字ではありますが、ウェブで新規顧客を獲得する場合、一〇〇〇円のトライアル商品なら三〇〇〇円まで、一五〇〇円の商品なら四五〇〇円くらいまでにおさめるのが適正レベル。

一一四ページの「勝利の方程式」に、僕が目安にしている水準を紹介しているので参考にしてください。ただし実際は、その後の転換率やリピート率によって変わるので、あくまで参考値と考えてください。

「何が何でもCPOを抑えなければ！」と考える人が多いと思いますが、それは誤解です。いや、誤解というよりもむしろ、CPOを正しく理解していない、と言ったほうがいいかもしれません。

1章でも説明したように、CPOは「とにかく下げなきゃいけないもの」ではなく、「新規顧客×一人当たり利益額を最大化するためのもの」なのです。ビジネスを大きく育てていくためには一人のお客さまを獲得するためのコストと、回収できるお金を天秤にかけ、ここまでなら大丈夫、という「限界CPO」を見極めなくてはなりません。

一年で回収する場合の限界ＣＰＯの算出方法は、一一四ページの式の通りです。

つまり、新規顧客の新規受注分を含めた年間ＬＴＶから、変動費とＦ２販促費を除いたものが限界ＣＰＯということ。詳しくは４章で説明しますが、新規顧客が二回目に購入するＦ２転換はとても重要な意味を持つので、他の変動費とは別に管理して特別な販促プログラムを回します。


「何だ、要するに利益分が限界ＣＰＯなんじゃないか」って？　でも、あえて分けるのには当然ながら理由があります。先ほどの式を見ればその理由は一目瞭然。つまり、限界ＣＰＯを上げるためには、年間ＬＴＶをアップするか、変動費または販促費を下げるしか手はありません。そう、赤字にならないぎりぎりのラインを把握するために、限界ＣＰＯはとても有効なのです。

もちろん、立ち上げ期を卒業したら黒字転換しなければなりませんが。

限界ＣＰＯの値は、新規の獲得のしかたによって変わります。

例えば五〇〇〇円の化粧水を毎年、四本買ってくれるお客さまがいるとしましょう。年間の本品売上は二万円ですよね。その場合の適正な本品ＣＰＯ（本品を売る際のＣＰＯ。トライアルを売る際のＣＰＯがトライアルＣＰＯ）はだいたい八〇〇〇円くらい。

これに対して、新規時に化粧水以外に乳液や美容液、クリームを買ってくれるお客さまがいるとします。年間の売上は一〇万円。ＣＰＯを三万円に設定しても、十分お釣りがきます。

どの層に、どういうアプローチを、どんな媒体でかけるのか。ターゲットごとに「限界ＣＰＯ」を設定し、媒体を選びましょう。

改善アクション3

新規顧客をいち早く既存顧客に切り替える

ここまでは、主に立ち上げ期の媒体選びについて説明してきました。

でも、本当に大切なのはここから。ある程度、原資がたまってきたら、いよいよ紙媒体やインフォマーシャルの出番です。

これらのチャネルは、インバウンド、つまり電話での問い合わせや受注が多いのが特徴。せっかくのチャンスを逃さずに、しっかり顧客化することが重要です。

「今なら無料で一本さしあげます！　電話番号は……」

例えば、こんなうたい文句につられて、電話をかけてきた人がいるとします。

そこで「お電話ありがとうございます」の後で、「よろしければ今、大人気の商品があるのですが……」「お客さまにぴったりのコースがあります……」などと営業トークを続けます。

もちろん、そのためには、巧みに設計された「トークスクリプト」（電話対応の台本）やロールプレイングなどのトレーニングが不可欠です。準備を万全に整えて、本品購入につなげましょう。

さらに大切なのが、次につなげて、リピートしてもらうこと。せっかく獲得した新規顧客とのおつきあいを、一回限りのものにしてはいけません！

新規顧客から既存顧客への切り替えは、早ければ早いほどうまくいくことがわかっています。では、最も早いのはいつか。そう、初めて購入していただいた、まさにそのときです。定期購入コースがあるなら(ないのならば、ぜひ設けるように検討してください)、そちらに誘導すること。新規購入のタイミングで定期購入コースに誘導できれば、新規顧客がそのまま既存顧客になるのです。

「CPOを探りながら新規顧客をつかむ」「つかんだ顧客をリピート化、定期化する」。この作業を続けていくと、ある時点から不思議なことが起こります。CPOは下がってないのに、営業利益だけがぐんぐん上がっていくのです。

なぜでしょう。それは、既存顧客が〝たまって〟いくから。定期コースやリピート顧客の販促費は、新規顧客獲得のための広告宣伝費と比べ格段に低い。だから新規顧客の取引が赤字でも、既存顧客との取引で大幅に黒字化することができます。

この状態になればもう安泰。CPOを少しぐらい引き上げてでも新規顧客を貪欲に獲得し、既存顧客リストをさらに充実させていきましょう。

最後に一つだけ注意点を。ウェブと同様に紙媒体も、十把ひとからげにできない要素があります。一般的に効率が悪いと述べましたが、細かく見るとそれぞれ特徴があります。

例えばフリーペーパー。媒体費が比較的安い上に、制作ボリュームもそれほど大きくないので、総コストは抑えられます。しかし、媒体にはよるものの、拡大性に乏しい傾向があるので、どちらかというとテスト向きです。

また、新聞折り込みの場合だと、五万部ずつ複数パターンをテストし、最も反応の良かったパターンを五〇万部で展開するといったように、テストも本格展開もしやすいでしょう。伝えられる情報量が比較的多いのもメリットです。ただ、媒体費が固定的で価格弾力性に乏しく、価格交渉が難しいため、他と比べると割高になることもあります。

そのほかに、他社通販の商品に同梱する方法もあります。媒体費は一般的に高めですが、ターゲットさえ合致すれば、高いレスポンスを得やすい媒体です。

クリエイティブの「勝ちパターン」を見つける

繰り返しお話ししてきたように、はっきり言って、テスト期間はかなりつらい思いをします。テスト期間中はＣＰＯが限界を上回るのが普通。つまり、ひたすら「赤字」が続くのです。

少なくとも、テスト期間中の実質ＣＰＯは、目標ＣＰＯの二倍を想定しておくべき。半年かかるか、一年かかるか。業界や商品によってまちまちなので何とも言えませんが、それなりの覚悟、運転資金を持って臨みましょう。

それでも、シミュレーションを重ねて、小さなテスト、検証を繰り返していけば、自分たちなりの「勝ちパターン」が見えてきます。

この作業は、テスト期間が終わった後も定期的に行うようにしてください。ＣＰＯは低

● オファー・クリエイティブテストを重ねて当たりを見つけよう

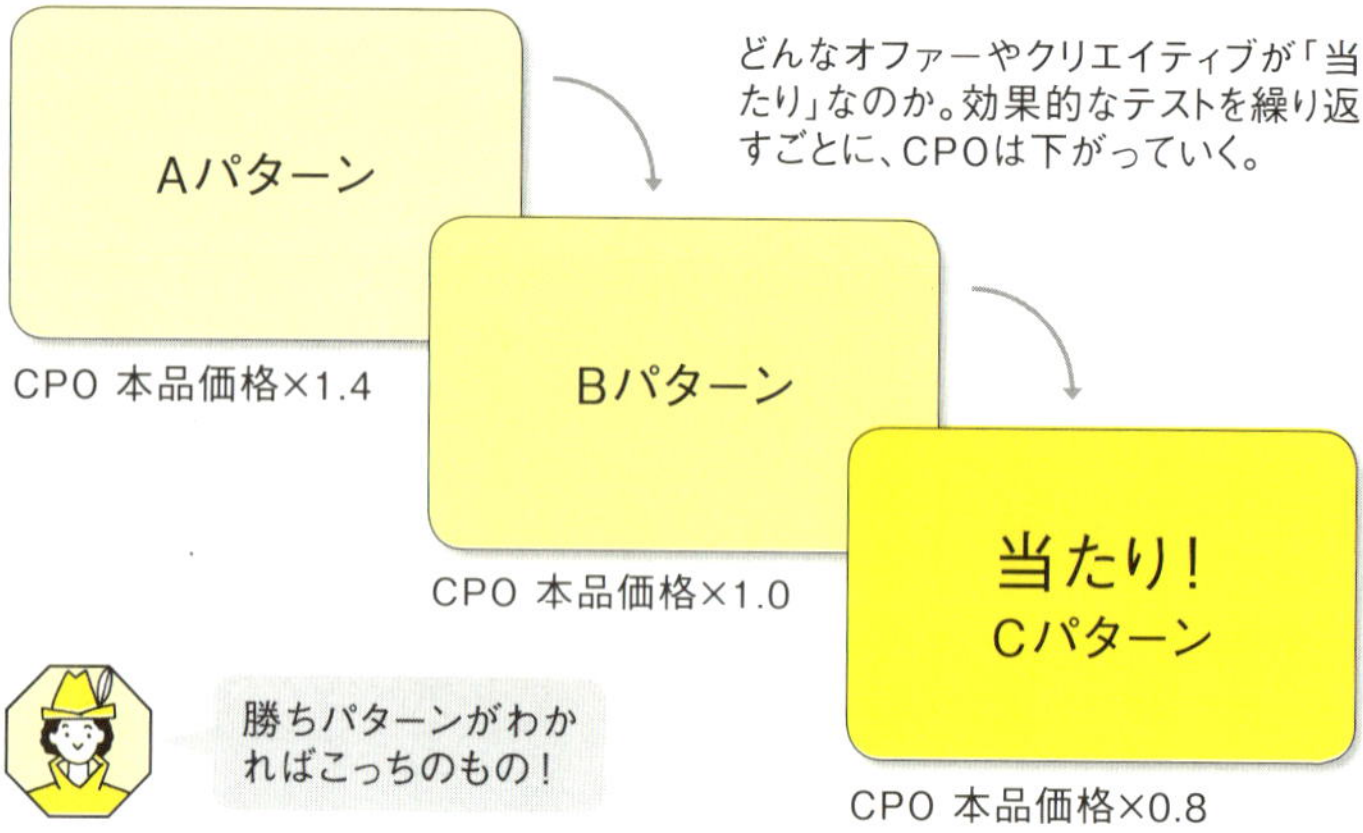

どんなオファーやクリエイティブが「当たり」なのか。効果的なテストを繰り返すごとに、CPOは下がっていく。

ければ低いほど望ましいというのも、もちろん真理なのです。

さて、ここまでは主に、媒体とCPOの関係について説明してきましたが、同じ媒体でもオファー（提案内容）や作り（クリエイティブ）いかんでCPOは全然違ってきます。

例えばチラシ。同じ商品の同じサイズのチラシを、同じエリアで同じ数だけ配布したとしても、そこに何がどう書かれているかで、レスポンスは二倍にも三倍にもなります。

たとえチャンピオン、ラスボス（ゲーム

などで最後に登場する最強キャラクター）と呼べるようなクリエイティブをすでに持っていたとしても、より低いＣＰＯで、さらに結果を出せるクリエイティブを作れないか。他社のものも含めて成功パターンを研究し、模索してみてください。

テストの際に気をつけたいのが「スプリット」と「有意差」です。つまり、レスポンスの差がはっきりとわかる程度の母数で、一部の要素だけを変更し、その他は同じ条件でテストするようにすることが大事です。

新規制作費はほどほどに

「広告作りはへっぴり腰で始めたい」

まるで、できそこないの川柳みたいですが、1章でも書いたように、これぞ通販ビジネスの鉄則。

スタートアップしたばかりの会社にありがちなのが、広告を作ること自体にはまってしまうパターンです。レベルの高いモデルにカメラマン、デザイナーを起用し、惜しげもなくお金を使ってしまう。下手にクリエイティブの知識がある人ほど、この甘い罠に陥りがちです。

広告制作費は固定費に含まれますが、固定費を膨らませれば膨らませるほど、テスト期間は特に苦しい状態になります。広告出稿のための予算をしっかり残しておくためにも、制作費はできるだけ抑えるようにしましょう。一テスト三〇万円以下が基本です。

必勝パターンが見つかるまでは、「へっぴり腰」作戦でソロソロ進もう

Column

DMを誰に送るか。それが問題だ

同じ商品のDMをほとんど同じ時期に同じ数だけ送ったのに、レスポンス率(反応数÷発送数)が一〇倍も違う。ある化粧品メーカーの通販で実際にあった話です。理由は何だと思いますか?

コピーが良かった、写真を差し替えた、レイアウトを見直した……。どれも考えられますが、このケースでは三つとも全く変えていませんでした。

実は送付対象が違っていたのです。

一方は過去半年以内に購入している顧客、もう一方は過去一年以内に購入していない顧客でした。ご想像の通り、反応が良かったのは前者。そのレスポンス率は後者の約一〇倍もありました。

何だか肩すかしを食わせたようで、すみません。

でも、DMや広告の良し悪しは、突き詰めれば「レスポンス率」で決まる、というのは紛れもない事実で、企業のイメージ広告などの特別なものを除けば、どんなにセンスが良くてインパクトがあっても、反応がなければそれはダメなDMであり、ダメな広告となります。

ですから、レスポンス率を求める際の分母になる発送数、つまり「(誰に)どれだけ送るか」を適切にコントロールすることは、とても大事なのです。


その際は何を基準にするのか?「過去のレスポンス実績」です。

直近購入日(Recency)と累計購入回数(Frequency)で顧客を区分し、過去の実績を細分化してみてください。

きっと「送るべき人」「送るべきでない人」が見えてきますよ。(顧客区分については4章でも詳しく説明しています)。

Column

レスポンス率最大化のための訴求術

レスポンス率アップの王道「反応数を上げる方法」をお教えします。ただし、DMや広告制作の具体的なテクニックやノウハウについて書くとそれだけで本一冊分になってしまうので、ここではそれらのクリエイティブを考える上で大事な「訴求力」についてだけ、説明したいと思います。

店を持たない通販では、DMや広告が売り場。それを見た人に、「今すぐ買いたい」と思ってもらわなければなりません。ここで必要となるのが訴求力です。訴求とはその字のごとく「DMや広告を通じてお客さまが求めることに訴えること」。もう少し具体的に言えば、「商品のメリット（Merit）と、それを裏付ける根拠(Reason)、その結果、到達できるゴール(Goal)を受け手に明確に示すこと」です。これを、それぞれの頭文字をとって「MRG」と呼びます。

健康ドリンクのチラシを例にとって説明しましょう。

A：野菜は足りていますか？　××ドリンクで毎日おいしい野菜生活を始めましょう

B：××ドリンクなら三〇種類の植物がブレンドされているから、健康習慣が身につきます

一見するとAのほうがこなれているように思えますが、訴求力が高いのはBのほうです。

Bには「××ドリンクなら」というメリット（このようにメリットを言い表したものが商品名になっているのがベストです）も、「三〇種類の植物がブレンドされている」という受け手を納得させる根拠（理由）も、「健康習慣が身につく」というゴールもしっかり提示されています。

しかし、Aのほうにはどれもありません。

訴求というとどうしても訴えることに力が入りがちですが、ＤＭも広告も受け手があってこそのもの。受け手が何を求めていて、そのＤＭや広告を見てどう感じるかという、受け手の視点を忘れてはいけません。

つまり、「伝える」のではなく、「共感してもらう」ことが大切。年齢層や性別、職業など、詳細なターゲット像を設定して、寄り添うように語りかければ、受け手は「わかってくれている」と感じて、喜んで説得されるものです。

必要なのは三つの「Ｏ《オー》」。

一人に向けて（Only You）、一つのことだけを言ってニーズを絞って（One Need）、もちろん大丈夫だと安心させる（Of Course）のです。

先ほどの健康ドリンクであれば、次のような要素を加えてみましょう。

◎あなただけに（Only You）

野菜不足でお悩みの働き盛りの○○さんへ（個人名が入るとさらに効果的です）

◎満たすニーズは一つ(One Need)

一日一杯でミネラル、ビタミン、食物繊維がたっぷり摂れる

◎安心させる(Of Course)

だから大丈夫！

こうして見てくると、「訴求力」が広告や販促といったプロモーションだけでは実現できないことが理解していただけると思います。事業計画や商品開発の段階からここで説明したことを満たせるようにしておけば、最高のレスポンス率が達成できるはずです。

《新規獲得》勝利の方程式

効率性

×

「当たり」発見

×

拡大性

＝

勝てる新規

- ウェブ媒体
  - トライアルCPO ≦ 売価×3.0
  - 本品CPO ≦ 売価×0.8
  - 定期コースCPO ≦ 売価×1.5
- 紙・電波媒体
  - トライアルCPO ≦ 売価×4.0
  - 本品CPO ≦ 売価×1.0
  - 定期コースCPO ≦ 売価×2.0
- 限界CPO＝

新規顧客の1年目のLTV－1人当たり年間コスト
（変動費＋F2販促費）

既存販促

CHAPTER 04

宝の山が眠っていないか？

既存顧客は新規顧客の何倍もの価値を持つ

商品も発売し、めでたく新規顧客が増えてくれば、「やれやれ」と胸をなでおろしたいところでしょう。ところが、話はそう簡単ではないのです。

実はここが、中長期的な事業の成否を分ける大切なタイミング！　たくさんのコストをつぎ込んで、あれこれ試行錯誤しながらせっかくつかまえた顧客に逃げられないよう、手を尽くさなければなりません。そう、既存顧客向けの販売促進こそが、今後の売上を左右するのです。

目指すは、既存顧客を新規顧客の何人分もの価値をもたらしてくれる、パワフルな常連さんに育てること。この目標を達成できれば、後は自然にビジネスは拡大していきます。

ところが実際には、既存顧客のフォローなどそっちのけで、ひたすら新規顧客獲得にばかり目を向けてしまう会社が少なくありません。

「うちの商品の良さをわかってもらえれば、黙っていてもリピーターになってくれるはず。一人でも多くの新規顧客を増やすことが成長の決め手になる」。これこそが、新規獲得に手応えを感じている会社ほど陥りがちな、間違った考え方なのです。

確かに新規顧客を次々に獲得するワクワク感は特別なものですし、事業が大きくなっている実感も得られます。でもその一方で、大事な大事な既存顧客が逃げてしまっているとしたら——。

一度ついた顧客が、いつまでも顧客でいてくれると思ったら大間違い。次のケースは、ロールケーキのヒットに気を良くするあまり、既存顧客に対するフォローを何も実施していなかったあるパティシエのお話です。

田舎の小さなお菓子店・店長、池袋哲也さん(38)の場合
うちは田舎の小さなお菓子店。地元のお客さまが多いお店でしたが・・・
ココ
思い切って通販を始めたところ売れ行きは上々。
お、また注文が！製造が追いつかないな～♪
注文
それもこれも「天国から届いた蜂蜜ロール」のおかげ。
カシャッ
Honey
人気情報誌でランキング入りもしたし～♪
カシャカシャッ
んん～、今日もいいツヤしてるね～♪
よし、もっとたくさん作るぞ～!
南アルプスで採取した国産ハチミツをアピールしたのが大成功だったな～女性雑誌で、ミツバチと養蜂家のおばあちゃんの物語を取り上げてもらったのもよかったなぁ
ん!…うまい!
モグモグ
はたらけ～!
ちょっと!店長もはたらけ～!
WOMAN LIFE

新規客はあいかわらず多いけど、思ったほど売上が伸びないのよね。だいたい皆1度か2度買って終わりみたいだし…
毎日食べて喜んでるのは、うちの店長くらいだわよっ
そうしょっちゅう蜂蜜ロールばっかり食べられないわよね～
そ～よね～
ね～え
スイーツ帳簿
またまた売れちゃうな～よ
妻《ワイフ》
は～あ…
帳簿
え?あれ以外にない?
ええ…
例の蜂蜜ロールに続くオススメの新作は?
あ、特にないんです…
あ、池袋さん?またスイーツ特集やるんですけど出ませんか?
えぇ、ぜひ!
○×編集部の渋谷さん、ごぶさたです!
RRR…

リピート対策って、なに～???

急いで新作を開発しなきゃ～!今度はリスのどんぐり、へびのたまご…何が当たるのかな～

大切なのは既存客!これ通販の常識でしょ～

の～お
じゃあ、せっかくつかんだお客さんに何のリピート対策もしていないんですか!?もったいないですね～!

グサッ

リピート対策が何かも知らなかった池袋さん。通販ビギナーの中には、こんなふうに成功に酔いしれて、次の展開が読めなくなる人が少なくないのです。

本人はロールケーキ以外にこれといった商品がないことが問題だと思っているようですが、そうではありません。最大の過ちは、既存顧客が一番重要だと気づいていないこと。「既存顧客は宝の山」だという事実を、全く理解していないことです。

確かに、ロールケーキばかりを頻繁に買う人も少ないので、第二、第三の矢となる商品開発は必須でしょう。でも本当に大切なのは、あらゆる販促手法を駆使しながら既存顧客のＬＴＶを引き上げること。

一人の顧客がその会社にもたらしてくれる利益である、このＬＴＶを最大化することは、事業を成功させるための重要なカギとなります。新商品開発は、そのための一つの手段にすぎません。

新規顧客がどっと押し寄せている今、池袋さんが取り組むべき課題はむしろ、徹底的な既存顧客のフォローです。

では、ここで改めて、池袋さんの失敗ポイントと改善アクションを整理してみることにしましょう。

既存顧客向け「販促のポイント」はココだ！

失敗ポイント

既存顧客の重要さが全然わかっていない

池袋さんの最大の失敗は、既存顧客の重要性に気づいていないこと。

新規顧客の獲得にかかるコストは一般的に、既存顧客の維持にかかるコストの五倍にも六倍にもなるが、せっかく苦労して獲得した新規顧客も、定期購入や二回目、三回目の購入につなげる導線が用意されていなければ、ただの一見さんで終わってしまう可能性が大きい。

既存顧客は利益の源泉。販促には新規顧客の獲得以上に力を入れなければならない。

改善アクション

LTVを最大化せよ

事業を効率的かつ安定的に成長させるのに必要なのは、既存顧客からできるだけ多くの収益を上げること。LTVがその指標となります。

LTVはもともと、一人の顧客が全取引期間を通じてもたらす価値の意味ですが、変化のスピードが速い通販ビジネスでは主に、三六〇日以内の受注額の累計を指します。つまり、個々の顧客について言えば、この値が高いほど優良顧客であることを、また、事業全体で言えば、平均LTVが高いほど効果的な販促が行えていることを表すのです。

では、どうすればLTVを最大化できるのか。そのための大原則は次の二つです。

大原則1　リピート率を引き上げる
大原則2　受注単価を引き上げる

次からは、それぞれの具体的な方法を、順に説明していきたいと思います。

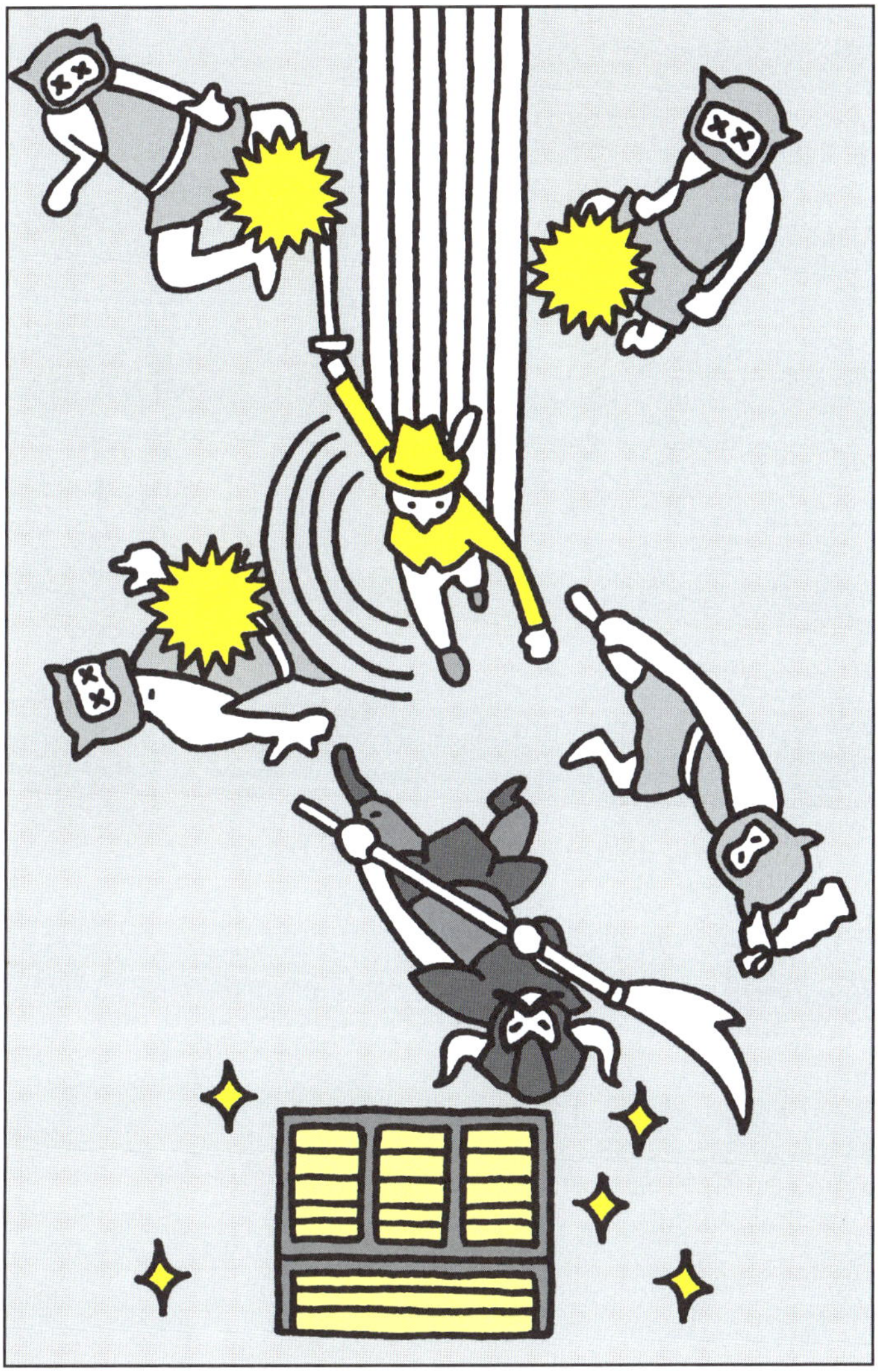

既存顧客は利益の源泉。果敢に攻め込もう！

リピート率を引き上げる

ＬＴＶ最大化の大原則の一つ目は、顧客の「リピート率を引き上げる」こと。そのためには、いくつか方法があります。順番に見ていきましょう。

ＲＦ分析で顧客を知る

リピート対策を行うためにはまず、顧客の状況をよく知る必要があります。

既存顧客と一口に言ってもその内容はさまざま。毎月のように何品も購入してくれる超お得意さまもいれば、何年も前に一度トライアル品を買っただけの人も。過去の購買履歴

をもとに顧客を区分して、それぞれの状態に最も適した販促プログラムを、最良のタイミングで実行することが、リピート率アップには欠かせません。

顧客区分の代表的な手法が「RF分析」。直近購入日（Recency）と累計購入回数（Frequency）からなる「RF表」で顧客を分析する方法です。この二つに累計購入金額（Monetary）を加えたRFM分析が本来のやり方ですが、三軸では可視化しにくく、分析も複雑になるため、より重要度の高いRFだけを取り出して顧客を区分するのが一般的です。

RF表で顧客を見ていくと、いくつかの顧客区分（セグメント）が見えてきます。そのセグメントをどこで区切るかは会社や事業によっても異なりますが、まずは「新規」「アクティブ」「休眠」の大きく三つに分けて捉えましょう。さらに、アクティブの中でも、上得意を「ロイヤル」に、また、もうすぐ休眠になってしまいそうな顧客を「半休眠」にと細分化すれば、よりきめ細かなリピート対策が可能になります。

RF表で顧客の状況を把握する

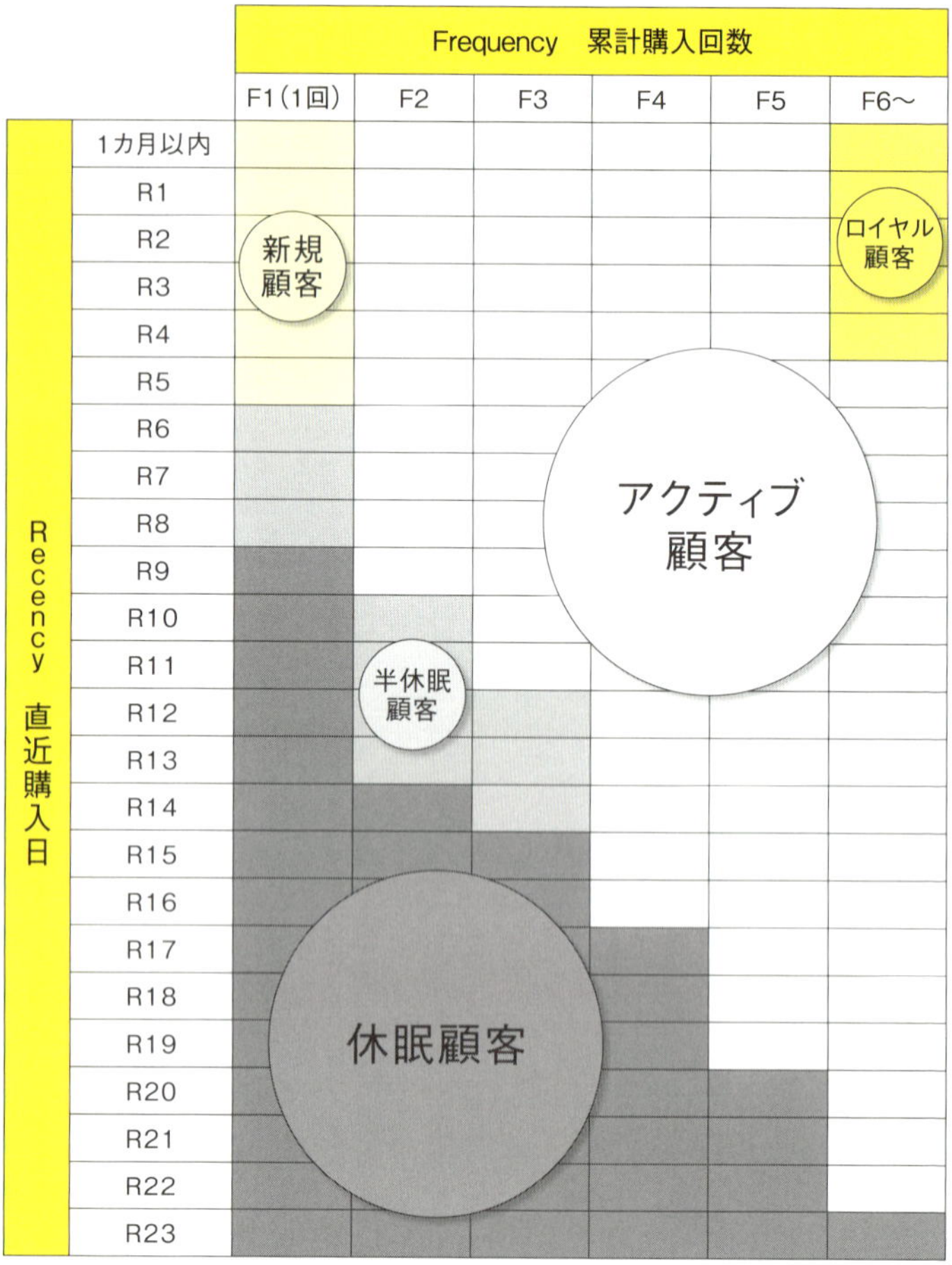

直近購入日と累積購入回数で顧客を区分して、最適なリピート対策を実行しよう

すべてはF2転換から始まる

顧客の状況がわかれば、それに合わせた対策を打つことができます。中でも重要なのが、新規顧客の二回目購入タイミング。これを「F2」と言い、1回購入（F1）からF2に進む割合を「F2転換率」と言います。このF2転換率を引き上げることが、リピート率アップに直結します。そしてそれは、アクティブ顧客を増やすことにもなるのです。

初回受注単価と同額かそれ以上のコストをかけて獲得した新規顧客に、原価率の高いトライアル品だけを買って立ち去られてしまったら、つぎ込んだコストは回収できません。まずはきっちりF2転換させて、アクティブ顧客にすること。あらゆる既存顧客向け販促は、ここから始まると言っても過言ではないでしょう。

その重要性から当社でもトランスコスモス社と業務提携し、年商一〇億～五〇〇億円程度の通販企業向けに「F2転換プログラム」というサービスを開発、提供しています。

では、Ｆ２転換率は最低どのくらい必要だと思いますか。トライアルから本品ならば目標値は三五％。トライアルと本品の価格差が一万五〇〇〇円以上と大きい場合でも、二五％は死守したいところです。トライアルがなく、新規獲得を本品で行う場合は、定期購入客を除いて一八〇日以内に四〇％以上をキープしましょう。

Ｆ２転換させた後は積極的な販促で、リピート率を確実に上げていきます。初めて購入してくれた顧客の一年目のＬＴＶは、本品初回受注単価の三倍が目標です。

アクティブ顧客に導くための鉄則

顧客をきっちりＦ２転換させ、さらにそこからアクティブ顧客にするためには鉄則があります。それは、次の「３・３・２」の法則です。

[3] 初回購入日から三カ月以内に、三回以上アプローチすること。

3 顧客へのアクション指示は、三つ以内にすること。
2 割り引き案内等のオファーは二段階用意し、それぞれ締切りを設けて行うこと。

まずは最初の「3」から説明していきましょう。なぜ三カ月、九〇日以内のアプローチが必要かと言えば、人は忘れやすく、そして何事にも慣れやすい生き物だからです。

商品に対するモチベーションが最も高いのは初めて購入したそのときで、後は次第に下がっていくのが一般的。だから、新規顧客の意欲や感動が冷めないうちに、九〇日以内にリピートさせることが重要なのです。そのアプローチの方法は、電話やDM、メルマガなど。複数の媒体を組み合わせて行うのも効果的です。

続いて、次の「3」について。顧客にアプローチする際、案内する商品は三つ以内に絞ってください。人は選択肢が多いほど判断が難しくなり、選択した結果に対する満足度も低くなる――それが行動経済学の常識です。事実、商品が多岐にわたっていたために、さんざん目移りしたあげく、イマイチなものを選んでしまったなんて経験は誰にでもあるはず。だからこそ、選択肢はある程度絞られていたほうがいいのです。

さらにその際のポイントは、できるだけ新規購入時と同じ商品をリピートしてもらうこと。「継続してこの商品を使い続けると、こんな効果があります」といった具合に、顧客を必要以上に悩ませずに、すんなり決断させてあげる工夫が必要なのです。


そして、最後の「2」についてです。飽きやすいのも人間の性《さが》。いつも同じようなデートばかりしていたら、相手もうんざりしてしまいますよね。顧客へのオファーも同じ。何度も同じようなアプローチをされたら、誰でも「またか」と思うはずです。

そこでポイントとなるのは、アプローチ方法を変えること。二段階のオファーを用意することが重要です。一段階目は「ウェルカムキャンペーン」、二段階目は「一カ月間限定割り引きキャンペーン」といった具合にです。このとき、二段階目は一段階目よりも、顧客にとってハードルの低いもの、つまり受け入れやすいものにしましょう。前回のオファーが響かなかった顧客でも、思わず反応してしまうようなものが理想です。

このように顧客をアクティブ顧客に導くためのアプローチには原則があり、中でも相手

の心に刺さるオファーとクリエイティブを提供できるかどうかが重要となります。ターゲットの属性により、響きやすい訴求が違うことも忘れてはなりません。

そのためには、なるべくたくさん顧客情報を集めることです。性別や居住地域、職業といったデモグラフィック情報だけでは不十分。もしも化粧品を売りたいのなら、「肌の悩み」「過去に起きた肌トラブル」「現在のお手入れ方法」など、細かいデータを取得したいもの。こうした詳細なデータがあれば、顧客別にカスタマイズした商品を絞り込み、それに合わせたオファーを用意することができます。その結果、高いレスポンスが期待でき、最終的には、LTVの最大化につながります。

なお、少し高度な話になりますが、F2転換させるためのプログラムを設計するときは、「ボリューム設計」「フレーム設計」「オファー設計」「クリエイティブ設計」という4ステップで作成するのが原則です。オファー設計、クリエイティブ設計については先に述べたので、ボリューム設計、フレーム設計についても簡単に触れおきましょう。

まずは「ボリューム設計」。一連のプログラムの中で、DMやメールなどをどのくらいのボリュームにするか検討します。コミュニケーションボリュームとＦ２転換率は基本的に曲線比例するので、よりボリューム（投下資金）を増やせばレスポンスが期待できるというわけです。投下資金を決めるときは、ボリュームごとに期待されるＦ２転換率を算出した上でＬＴＶを試算し、最もＲＯＩ（投資利益率）が高まるボリュームを選びます。

　続いては「フレーム設計」です。ここでは、接触タイミングや接触回数を決めます。その際に基準になるのが日別転換率分析。過去実績をベースに、縦軸にＦ２転換率、横軸に初回商品お届けからの経過日数をとってグラフを作成します。グラフ内の〝山〟の盛り上がる点が、イコール顧客の動くポイントと言えるので、〝山〟を基準にして接触タイミング・接触回数を決めていきます。また、ＤＭだけ、メールだけというやり方ではなく、メディアごとの特性を生かして、クロスメディアでアプローチすることが重要です。

　この二つに、オファー設計、クリエイティブ設計を加えた４ステップで細やかなプログラムを作成すれば、Ｆ２転換率はまず間違いなく上がります。緻密な設計が必要になりますが、効果は絶大です。

休眠顧客復活はローコストで

アクティブ顧客と対照的なのが休眠顧客。数が多いだけに、復活させ、リピート購入させられれば大きな成果が期待できます。ただし、その確率は極めて低いのが現実。

それでも、顧客情報があって直接アプローチできる魅力は捨て難いもの。そんな休眠顧客に対する販促では、いかにローコストかつ強力なオファーをするかが重要です。

コストを抑えるためのポイントの一つは媒体選び。一番安いのはメールですが、そもそもレスポンス率の低い媒体なので、休眠顧客が相手ではほとんど反応は期待できません。

そこで、次に安くて、メールよりはレスポンス率が高いのが、圧着往復はがきのDM。ロットをまとめて印刷すれば、一部当たりの単価を最大三〇円程度まで下げられます。

そう、この一回当たりの数をまとめられるかどうかが、ローコストのもう一つのポイント。印刷費だけでなく郵便料金も、一度に大量に発送することで大きく引き下げられます。

毎月のようにアプローチするアクティブ顧客とは対照的に、数をまとめて一気にアプローチするのが王道です。

オファーは、戻ってきてくれたら儲けものと考えて、強力なものにすること。本品半額なんていう思い切った内容でもない限り、休眠顧客にはなかなか響かないでしょう。

こんなに手のかかる休眠顧客を増やさないためにも、半休眠の段階で、アクティブに引き上げることがとても大切です。こちらも強力なオファーが必要なのは同じですが、それに加えて、購買履歴や年齢、肌質、悩みなどに応じたレコメンドをしたり、メッセージ文の中に顧客の氏名を入れるなどした、パーソナライズしたDMが効果的です。

定期購入は究極のリピート法

次は、究極のリピート法とも言える「定期購入」について説明しましょう。ちなみに僕は約二〇年前から、この定期購入を研究しています。

定期購入とはつまり、顧客にリピートするかどうかをその都度選択させない、自動継続システムのことです。定期コースに申し込んだ顧客のその後の継続率がどのくらいか、想像がつきますか。何と、平均九〇％！ 圧倒的な高さです。

顧客を定期コースに切り替える最大のチャンスは、ほかでもない受注時です。

これから何かを購入しようとして電話をかけてくる人、ネット通販の買い物かごに商品を入れようとしている人は、当然ながら買い物意欲に満ち満ちています。

そこで「ちょっと待ってください、今ならこちらのほうがお得ですよ」と声をかけたり、ポップアップページを出したりすると、意外なほど素直に「そう言われれば、確かにそうだな」と思ってしまうものです。

ちなみに、心理学を用いた営業手法に「フット・イン・ザ・ドア・テクニック」（段階的要請法）というものがあります。「小さな要請を受け入れた人は、その後に大きな要請をされるとつい受け入れがちになる」という理論を応用したテクニックですが、これもまさにその類でしょう。

購入するという決断をした状態にある顧客は、定期コースというもう一段高いレベルの要請も受け入れやすいというわけです。突然予期しない提案を突きつけられ、ついつい契約してしまうことから、「うっかり定期」などとも呼ばれていますが。

なお、定期コースに誘導する際は、何か特典をつけることが重要です。「今、定期コースに加入すれば一五％オフ！」「送料が無料になります」「フェイスタオルとポーチをプレゼントします」などなど。

うまくいかなかった場合は、その後のフォローでさらに誘いをかけます。

「お使いいただいて、どうでしたか？」といった話の後、二カ月限定の定期に誘導するなど、小さなオファーをしてみるのです。

実際、この方法で定期購入率がアップ、結果的にＦ２転換率が一五％から六五％に上がった、というケースもあります。

「そう言えば、うちは定期コースがないな……」という人は、すぐにでも導入してください。当社が五年間コンサルティングをさせていただいている化粧品通販会社のディセンシアさんでは、それまでなかった定期コースを新たに設けたところ、一年後には売上が大幅にアップ。それ以降も大きく伸び続けています。

もちろん、商材によっては定期コースを導入しにくいものもあるでしょう。その場合は、頒布会のシステムを採用するなど、工夫して、自動継続してもらう仕組みを作るようにします。最低でも、非定期のアクティブ顧客を上回る定期顧客数を確保することを目標としてください。

リピート対策は入り口ほど効果が大きい

すべての通販ビジネスに共通しているのは、入り口に近いところほどリピート対策に力を入れるべきだという点。対象となる顧客数が多く、全体に与えるインパクトが大きいからです。次ページのイラスト図を例に説明しましょう。ちなみに図内のACはアクティブ顧客、ICはインアクティブ顧客（非アクティブ顧客）の略です。

●顧客区分でわかるリピート率アップの法則（非定期購入顧客の例）

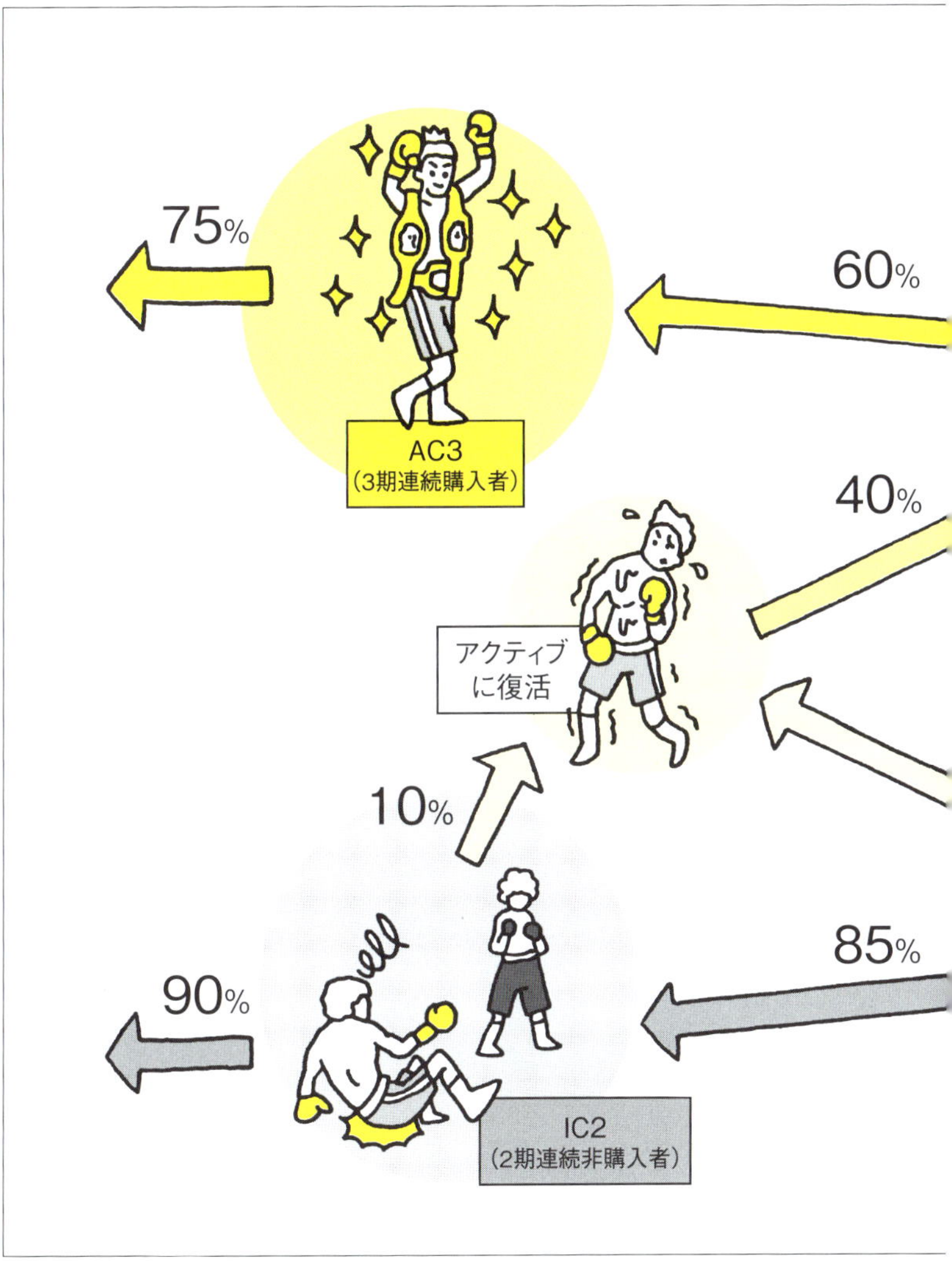

負けが込んでからの復活は難しい上にインパクトも小さい。最初が肝心だ！

ＡＣ２（二期連続購入者）への移行率は、一般的に四〇％。仮に、入り口となる新規顧客数が一〇〇人だったとすると、四〇人がＡＣ２に移行することになります。

しかしここで、Ｆ２転換率アップのための販促を重点的に行った結果、ＡＣ２への移行率が六〇％にアップしたとします。

すると、先ほどの四〇人から六〇人へと、ＡＣ２の人数が二〇人増えることになります。

さらに、その六〇人がＡＣ３（三期連続購入者）に移行する割合は六〇％、つまり三六人（六〇人×六〇％）が三期連続で購入することになります。

ちなみに、ＡＣ２が通常の四〇％のままだった場合、ＡＣ３の数は二四人（四〇人×六〇％）ですから、Ｆ２転換率がアップした結果、一二人分のリピート率が上がったことになるのです。

これに対して、入り口から離れるほど、リピート対策の全体に与えるインパクトは小さくなります。

例えば、ＩＣ２（二期連続非購入者）がアクティブに復活する割合は、たった一〇％の五人（一〇〇人×六〇％×八五％×一〇％）です。

これを倍の二〇％に引き上げようとすれば大変なコストと労力が必要ですが、仮に実現できたとしましょう。

それでもその人数は、わずか一〇人（一〇〇人×六〇％×八五％×二〇％）で、五人分の増加効果しかありません。ＩＣ２のそもそもの母数が小さいので、全体のリピート率アップにはあまり貢献しないのです。

入り口に近いＦ２転換率を上げることが大切な理由はここにもあるのです。

受注単価を引き上げる

ＬＴＶ最大化の大原則の二つ目は、「受注単価を引き上げる」ことです。ただし、化粧品でも食品でも、一人の顧客が一つの商品を使用・消費する量には限度があります。

そのため、受注単価をアップするためには、いくつかのテクニックが必要になります。

ここからは、その方法について見ていきましょう。

クロスセルはリード商品との関連性がカギ

受注単価アップのための一つの方法が、「クロスセル」です。

　クロスセルとは、リード商品と関連のある別の商品を勧めて、一緒に購入してもらうこと。リード商品と近ければ近いほどクロスセルはうまくいきますが、2章で例に挙げた化粧水とファンデーションのように近そうに見えて遠いものがある一方で、一見するとすぐ隣というわけでもないのに成功しているケースもあります。ポイントは、単品で使用するよりも、併用したほうがより大きな効果やメリットが得られるものであること。

　例えば、私たちの会社のクライアントで、急成長を遂げているスローヴィレッジという通販会社。リード商品は野草の酵素で作った健康ドリンクですが、「一緒に使うことで相乗効果が期待できる」とサプリメントを複数、発売。「花粉症」「関節痛」「物忘れ」など、悩み別に商品が購入できるよう工夫しています。リード商品と一緒に使うメリットが明確で、それを顧客にしっかりアピールできている好例と言えるでしょう。五年のコンサルティングで、売上は何と一二〇〇％にアップしました。

　クロスセルがうまくいっているかどうかは、既存顧客の定期購入以外の平均受注単価を、リード商品の単価で割ってみればわかります。二・〇以下の場合は問題あり！ クロスセル商品のテコ入れを急ぎましょう。

精緻なターゲティングでアップセル

リード商品を気に入ってくれた顧客に対し、ワンランク上の商品を勧める「アップセル」も、受注単価の引き上げに威力を発揮します。健康食品なら成分含有量が倍であるとか、エイジング化粧品なら従来品に加えて新成分を配合したものなどが、ワンランク上の商品に当たります。

当然価格は高くなりますが、すでに商品を試して、評価してくれた人が相手なので、成功する確率は大。上手にやればアップセル成功率は四〇％以上になります。

アップセルで大切なのは、やみくもに上位品や高額なものを勧めようとせず、一定の条件に当てはまる人や、特定の悩みを持つ人など、対象とする顧客をきちんとターゲティングすること。

例えば、同じ関節の悩みに応えるサプリメントでも、場所や痛みの質によって効果が期待される成分は異なるので、顧客のニーズを踏まえた上で、複数の成分をまとめて配合した上位品を勧めれば、「自分のことをよく理解して特別に勧めてくれている」と感じてもらえるはずです。

顧客の納得と満足がなければ、目先の売上は上がっても、LTVアップにはつながらないことを忘れずに。

ところで、リード商品しか購入しない顧客（オンリーバイヤー）と、二品以上購入する顧客の「LTVの差」はどれくらいだと思いますか?

商材や価格帯にもよりますが、当社のデータによると、二種類購入している人は、一種類の人のだいたい一・五倍〜一・八倍。三種類の人は二・二倍〜二・四倍、四種類では何と三倍以上になります。つまり、一人の顧客が、オンリーバイヤー三人分の売上をもたらしてくれるということ。

既存顧客の顧客単価を引き上げることが、どれほど重要か。この数字からも一目瞭然ですね。

LTV最大化のためのゴールデンルート戦略

ここまで、LTV最大化の大原則「リピート率アップ」と「受注単価アップ」のためのポイントを述べてきましたが、重要なのは総括すること。

総括をきちんとすることで、それまで行ってきた販促施策とLTVの関連を検証することができます。

さらにそこから見えてくるのは、自社の通販事業に最も高い貢献をしてくれる顧客の購買パターン。それを〝見える化〟して誘導していくのが「ゴールデンルート戦略」です。

ゴールデンルートとは、顧客のいろいろな購買パターンの中から特徴的なものを取り出したもの。どのルートをたどるとLTVが高くなるかを分析したり、どうすれば一人でも多くの顧客をそこに誘導できるかを検討するのに使います。

次ページの図「ゴールデンルートを見つけよう」では、トライアル品を購入した新規顧客の、その後の主な購買パターンが、ツリー図で示されています。

Ｆ２の段階で最もＬＴＶが高いのは、Ｆ２時に定期に転換した「定期Ｆ２」、一番上の太いルートがそれに当たります。全部の顧客をこのルートに乗せられれば最高ですが、実際には難しい。

そこで着目したいのが、その後のＬＴＶを大きく左右する〝分岐点〟の存在です。入り口に近いほど注力すべきというリピート対策と同様に、ここでも最初の分岐点がカギを握っているのがおわかりいただけるでしょうか。

Ｆ２のＬＴＶを見れば、少なくとも「単品Ｆ２」以上のルートにしなければならないのは明らかです。九〇日以内にＦ２転換しない「九〇日非転換」では、ＬＴＶはわずか二〇〇〇円どまり。ほかと比べるとその差は歴然です。

ゴールデンルートを見つけよう

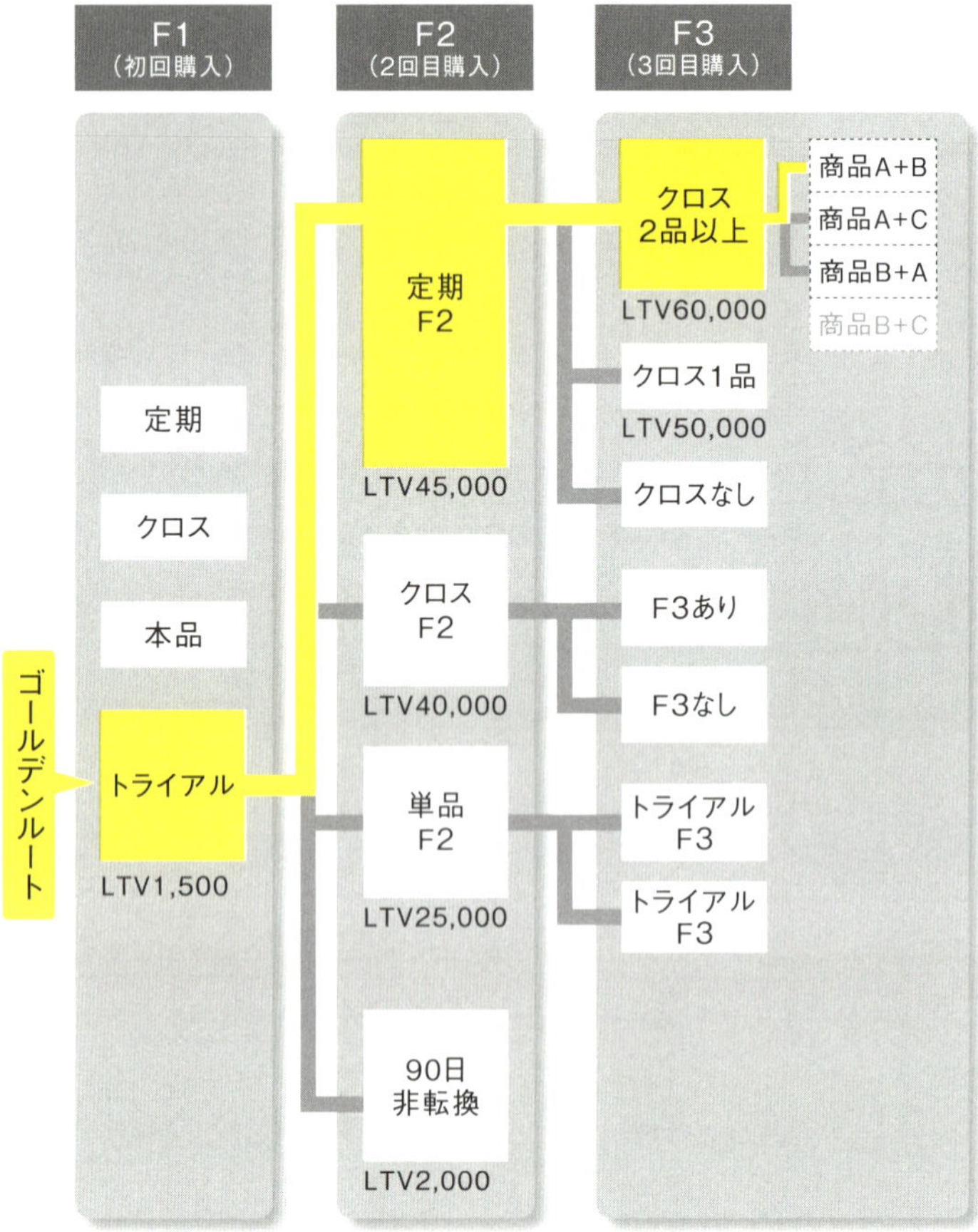

「何となくわかっている」のではダメ。データ分析で正確なゴールデンルートを見極めよう。

そこで、ここは何としても上のルートに持っていかなければならないわけですが、ではどこに誘導すればいいか。答えはもちろん、ＬＴＶが最大である「定期Ｆ２」です。さらには、そこからクロスセル施策を行うことで、次のＦ３時に「クロス２品以上」に持ち込むのがベストです。これが、この事例におけるゴールデンルートです。

一方で、定期Ｆ２にはならなかったものの、ＬＴＶ四万円と意外に健闘している「クロスＦ２」については、あらゆる手を尽くして、「Ｆ３あり」に誘導する必要があります。ただし、何でも買ってもらえばいいわけではありません。先ほどの「定期Ｆ２」から「クロス２品以上」に進んだゴールデンルートも同様ですが、商品別、組み合わせ別のＬＴＶを緻密に分析して、クロスセルで勧める商品を絞り込むことが重要です。

ここではシンプルな例で説明しましたが、実際のゴールデンルートは、購入方法や購入回数、スパン、経験商品など、さまざまな要素を盛り込んだ、もっと複雑なものです。

また、ＬＴＶの高いセグメントを重回帰分析で絞り込んでいく際に、あまりレアなケー

スを拾ってはいけません。それぞれの分岐で最低でも一〇%以上あるセグメントを対象にするようにしてください。

一見難しく見えるかもしれませんが、通販ビジネスを現場で行っている人であれば、ゴールデンルートがどのあたりにあるかは、経験値として何となくわかっているはずです。「F2のタイミングで定期にすれば、F3は半分以上の確率でクロス2品につなげられる」といったふうに。

ただし、そうした経験値だけでは、正確なLTVを把握できず、本当のゴールデンルートを見極めることはできません。重要なのは、実際に購買データを測定して、分析すること。思っていたのとずいぶん違う結果になることも珍しくありません。

「専用の分析システムがないから無理」という声もよく耳にしますが、極端なことを言えば、伝票を一枚一枚、追いかけていくことでデータを取ることだって可能です。安易な思い込みや決めつけで間違った施策を続けるリスクを考えるなら、決して無駄にはならないはずです。

リアル店舗とは違い、あらゆるものが〝測れる〟通販ビジネスでは、データ分析をどれだけ精緻に行って、次の戦略や目標に反映させられるかが成功のカギを握ります。「測ることができたら、問題の半分は解決したも同然」なのです。

この章では、「LTV最大化」をキーワードに、既存顧客販促の重要性について考えてきました。冒頭でも申し上げた通り、「既存顧客は宝の山」であり、販促は通販ビジネスの成否を握る、最も重要なところだと言えます。

あらゆる知恵と分析力を総動員し、既存顧客を活性化してほしい――。これが、この本で僕が最も伝えたいことの一つでもあるのです。

《既存販促》勝利の方程式

F2転換率

×

定期顧客率

×

クロスセル率

＝

勝てる販促

- 初めて購入してくれた顧客の1年目のLTV ≧ 本品初回受注単価×3.0
- トライアル⇨本品へのF2転換率 ≧ 35%
- 本品⇨本品へのF2転換率 ≧ 40%
- 定期顧客数 ≧ 非定期AC数
- リード商品単価×2.0 ≦ 既存顧客受注単価

※定期・トライアルを除く

ウェブサイト

CHAPTER 05

データを店作りに生かしているか？

売れるサイトじゃなきゃ意味がない

通販ビジネスをスタートするに当たり、一番ワクワクするのはウェブサイトの開発ではないでしょうか。「おしゃれなデザインで」「動画も掲載して」「決済システムはやっぱりスマートでなければ」など、夢が膨らむことでしょう。ウェブだからできるあんなこと、こんなことをやってみたい、と思うのは当然です。でも、サイトの立ち上げに当たって本当に重視すべきポイントは、そんなことではないのです。

まず初めにはっきりさせておかなければいけないのは、どんなサイトを作るかという基本コンセプトです。その答えは一つ。「売れる」サイトを作りましょう。どんなに機能が豊富でかっこいいサイトでも、掲載商品が売れなかったら話になりません。

どうすれば売れるサイトになるのか。ただし、この答えは一つではありません。

そもそも扱う商品によって、サイト作りは大きく違ってきます。例えばエスプレッソマシンなら、使用方法を画像や動画で解説すると、閲覧者が増えそうです。タラバガニなら、ぎっしりと身が詰まった商品写真を大きく掲載すると、注目されるかも。

ターゲット層によっても見せ方は変わりますよね。シニア向けの場合、「文字を大きくする」といった工夫も必要になるでしょう。

時期による影響もあります。試行錯誤の結果、「最適解をつかんだ!」と喜んだのもつかの間、競合先が同じようなサイトを立ち上げたり、トレンドが変わったりでコンテンツの魅力がなくなってしまうこともあるでしょう。

このように、サイト作りは何だか難しそうですが、さまざまなデータを分析、活用することにより、「売れる」サイトは必ず作れます。具体的な作り方はこれから説明しますね。その前にまずは、「売れない」サイトを作ってしまった、ある介護用品メーカーのケースを紹介しましょう。

大手介護用品メーカーの事業企画部課長、田町正輝さん(42)の場合
わが社のECサイトは、ピッカピカの一年生！

紹介している商品は、当社取り扱いの介護用品。車いすやベッド、排せつ機器、床ずれ予防用品、シーツ、寝間着、オムツ…

かいごパンツ
紙媒体のカタログ通販はかなり前からやっていたけど、今やウェブの時代だからね 介護用品も時代に乗っていかないとね～

私のケータイはまだガラケーだけどね～

うちのサイトは超高機能の「電子カタログ」を投入 拡大機能や付箋機能もあるし、音声や動画をページに埋め込んで、かなり凝ってるんだよね～♪

予算はそれなりにかかったけど、すごく満足！ 注文が殺到するだろうな～♪

あら、ごきげん！

ところが…

え、閲覧者数がめっちゃ少ない…

ガビーン！

解析レポート
こういうときは、リスティング広告やSEO対策をやるといいですよ～

代理店

よくわからないけど、それ、やってください!
はいよ〜
代
ガシッ
ふ〜、危なかった〜これでじゃんじゃん閲覧されて、注文が入りまくるぞ〜
そのとき、閲覧者は…
介護用品をまとめ買いしたいのよね〜ここを見てみるか…
ポリポリ
BABA
せんべい
えっと業務内容?はいはいはい、わかってるっちゅ〜のほしい商品はどこかな〜?ずずいっと下にいって〜文字ばっかりやな〜
〇〇かいご用品メーカー
業務内容
モジモジモジモ
ずずい〜っと下に〜下に〜下に〜…ま、まだ続くの?
モジモジモジモジモ
か〜っ!さらに「電子カタログ」を開けって!?もうええわ、ほかんとこ見よ!
電子カタログ
そんなこともつゆ知らずの田町さんは…
あれ〜!?閲覧者数はちょっと増えたけど、全然購入されてない!
ガビーン!
解析レポート
田町さん目が!!
こんなに立派なサイトを作ったのに、なんで誰も買ってくれないの〜!?
うちのサイトにウイルスってヤツが入ってたとか?インフルエンザウイルスかな〜!?
だれかサクラで買った方がいいんじゃないの?
私、オムツ買おうかな…

確かに、最近の電子カタログは本当によくできています。動画や音を使って、使用感を伝えるなんてことは、紙のカタログでは到底マネできません。そういう点からすれば、田町さんの会社のように、介護用品や福祉機器を消費者向けに販売するにはもってこいと言えるでしょう。

でも、それもこれも「売れて」こそ。せっかくの新規見込み客を、情報盛りだくさんのウェブサイトに連れてきてしまった田町さんには、そこのところがよくわかっていなかったようです。

力を入れて作ったサイトが売上につながらない。リスティング広告やＳＥＯ対策をして集客コストもかけているのに、せっかく来てくれたお客さまが途中でどんどん離脱してしまう――。

田町さんを悩ましているこれらの問題は、多くの通販事業者が直面するものでもあります。原因はいろいろ考えられますが、突き詰めると次の三つに集約することができます。

ウェブサイト作りの「失敗ポイント」はココだ！

失敗ポイント1

ウェブと紙媒体の違いがわかっていない

長年カタログ通販で商売をしてきた田町さん。ウェブをどう活用していいか、よくわからないままネット通販の世界に足を踏み入れてしまった。その結果、かなりの費用をつぎ込んで作った電子カタログは、紙のカタログをそのままデジタル化しただけのものに。売上に結びつく気配はなく、焦りまくっている。

カタログの良い点は、どんな商品があるのかが大まかにではあるが簡単に把握できる一覧性。しかしこれをそのままウェブでやろうとすると、情報量が多くなりすぎて読み手が本当に見たい商品にたどり着けないおそれも。

後に詳しく述べるように、ウェブには、キーワード検索からやって来た見込み客から、何度もリピートしてくれているロイヤル顧客まで、さまざまなタイプの人が訪れるもの。

だからこそ、ただ商品を羅列するのでなく、彼らをセグメントし、上手に誘導して、購入行動を促す仕掛けを作ろう。

失敗ポイント2

効果指標を測定していない

電子カタログの完成後も、「後は注文を待てばいい」とばかりに、田町さんは何も手を打っていない。だが、本当の勝負はオープンしてから。売れるサイトにするためには、効果指標のこまめな測定が大切だ。

ただし、ここで間違えてはいけないのは、チェックすべき指標。「閲覧者数は増えているのに……」と首を傾げているが、そもそも通販のサイトは買ってもらうためのもの。ただやみくもに、閲覧者を集めればいいというものでもない。ターゲットを絞り込み、戦略的にお客を呼び込まないと、せっかく投じた広告費も無駄になってしまう。

ゴールとなるCVRはもちろん、そこにつながる効果指標をそれぞれの段階で計測、分析しなければ、売れるサイトは作れない。

失敗ポイント3

ECサイトとLPの違いを理解していない

「介護用品をまとめ買いしたいのよね〜」とつぶやきながら、田町さんの会社のウェブサイトを訪れた主婦。おそらく、自宅で使える介護オムツや拭き取り用のシートなどを見たかったのではないだろうか。それなのに会社概要やほかの商品の説明ばかりで、なかなか肝心の情報にたどり着けない。とうとう、「もうええわ、ほかんとこ見よ！」とサイトから離れていってしまった。

こんな悲惨な結果にならないよう作っておきたいのが、ランディングページ（LP）だ。広告から流入した新規顧客向けのいわば特設ページで、ECサイト本体とは別に用意するもの（LPもECサイトの一つだが、この章ではわかりやすくするため、LP以外の〝ECサイト本体のみ〟をECサイトと呼ぶことにする）。

ECサイトがスーパーマーケットなら、LPは朝採りキャベツが盛られた店頭の特設販売コーナーといったところだろうか。目的に合った商品をシンプルに勧められて、「あら、いいわね」と足を止めてしまう。そんな新規顧客獲得のための仕掛けページを指す。

新規顧客をLPでがっちり取り込み、既存顧客はECに集めて、クロスセル、定期購入につなげる。LPとECサイトの役割分担を理解しよう。

攻略のための「改善アクション」はコレだ!

改善アクション1

専用LPで新規顧客を引き寄せる

すでにお話ししたように、新規顧客はLPに、既存顧客はECサイトに誘導するのが基本です。

LPの目的は新規顧客に商品の魅力を説明し、コンバージョンにつなげることなので、一つのLPには一つの商品だけを掲載するのが原則です。欲張っていろいろな商品を取り上げると、その分、情報が雑多になります。

自分なりの目的を持ってやって来たお客にしてみれば、ほしくもない商品をあれこれ並

べられ、営業トークをされたら嫌気が差すのは当然。ターゲットが一発で納得してくれるような商品を「ズバリこれです！」と提示するのが正解です。単一商品や強力なリード商品から、他の商品へ展開させるようなタイプの通販において、特にＬＰが効果的とされるのはそのためです。

ただしそのためには、ターゲットのことを十分に知っていなければなりません。

性別、年齢、商品に求めるニーズ、価格に対する意識といった一般的な情報に加えて、趣味や嗜好、価値観、ライフスタイル、行動特性といった面からも、顧客像に迫ります。「日々の生活で大事にしていることは何か？」「どんな悩みを持っている？」「どんなとき、どんな商品を購入する？」といった具合に、問いと仮説を立てながら絞り込んでいけば、まるで実在の人物のような顧客像を浮かび上がらせることも可能です。

面白い事例を挙げましょう。

化粧品ブランドと空気清浄器メーカー、アパレルブランドがコラボレーションしたケースです。「ホリスティックビューティ　コラボセット」と銘打ったこの企画。コラボ商品は敏感肌専門の化粧品ブランド「ディセンシア」、アンティバックジャパンの空気洗浄機「マジックボール」、それにアパレルブランド「ララベル」のワンピースエプロンの三点。「忙しい毎日を送り、多くのストレスと戦っている」「大気汚染問題や花粉・雑菌などに敏感」「肌、心、身体の健やかさを願っている」——そんな顧客を想定したディセンシアが提案し、三社のアライアンスにつながったのだそうです。

それぞれ全く分野の違う商品を結びつけたのは、機能性や空間を彩るファッション性という共通項。顧客像を徹底的に明確化し、その顧客が求めるニーズを満たした商品だからこそ、実現したコラボ企画と言えます。

顧客ターゲットの明確化は、広告効果を最大化するためにも必須です。彼らが集まりそうなところにバナーやテキスト広告、アフィリエイトなどを仕掛ければ、狙い通りの見込み客をＬＰに連れてくることができる、というわけです。

ここまでお読みいただいた皆さんには、もうおわかりでしょう。そう、ＬＰの集客は

「量」より「質」がはるかに重要。いかに顧客像に近い人たちをLPに連れて来られるかが、大きなポイントなのです。

ユニークユーザー（UU）数やページビュー（PV）といった、「量」を示す効果指標だけに気を取られていると、肝心の成約率アップ、つまり、CVRを上げることはできません。これはECサイトにも共通することではありますが、集客のために広告コストがかかるLPでは特に、より「質」にこだわるべきなのです。

では、一カ月で、どれくらいの数の新規顧客を獲得できればいいと思いますか？　もちろん多いに越したことはありませんが、一〇〇〇人を一つの目安としてください。よく知られたブランドや大規模なキャンペーンを行っている場合は、当然もっとハードルは上がります。言い換えれば、知名度の低い会社や商品でも、一〇〇〇人は最低限キープすべき水準ということ。達成できていない場合は、必ずどこかに問題があるはず。改善が必要です。広告効果を最大化するためにLPを有効に活用できているか、ぜひチェックしてみましょう。

改善アクション2

ECサイトで既存顧客を深掘りする

すでに説明したように、LPが店頭の特売コーナーならECサイトは店舗そのもの。キャベツを買ったお客が「もっと何かないかしら？」と財布を片手にやってくる場所なのです。

ここで、「あれ、何だかイメージと違う」「信頼できないから、別の商品を買うのはやめておこう」などと思われたら、今までの努力が水の泡！　せっかくつかんだ顧客だというのに、二度と来店してもらえません。だからこそECサイトを作る際は、「ブランディング」に努めてほしいのです。

ブランディングというと「ロゴやデザインを工夫しろ、ということだよね」と受け止める人もいるかもしれません。確かにロゴもデザインも大切ですが、ほかにもっと重要なことがあります。それは「顧客に提供できる価値」を打ち出すこと。

ただの「キャベツが安い店」では、人の心に残る、再訪したいECサイトにはなりえま

せん。でも、「有機野菜や、添加物を含まない加工食品など、子どもたちが安心して食べられるものだけを売る店」ならばどうでしょうか。あるいは「キャベツをはじめ、体にやさしい野菜で作ったスープを売る店」ならどうでしょう。

また、その背景に「体にやさしい野菜、食品を通して、心ある農家と消費者をつなげたい」「都会で働く多忙な人々を栄養面で支えたい。ほっと和む時間を作りたい」という理念が示されていたとしたら――。

「ちょうどキャベツがほしかったから」と商品を手に取っただけの新規顧客が、強い共感を寄せ、ずっと通い続けてくれる既存顧客に変身するかもしれません。

アフィリエイト、リスティングなどの広告経由が大多数のLPと違い、ECサイトは検索エンジン、そして既存顧客へのメルマガやDM経由のアクセスがほとんど。それも、リンクまたは会社名やブランド名、商品名で検索するケースが圧倒的です。それだけに、2章で紹介した「商品の3S」（ストーリー、新規性、差別化）を改めて伝えるとともに、商品の背景にある会社のミッションや理念、自分たちのスタイルを伝えることは、ECサイトの大切な役割です。

さらに、ＥＣサイトのもう一つの重要な役割が、「既存顧客のサポート」です。サポートと聞くと、すでに購入した商品の使い方をアドバイスしたり、困りごとを解決したりする印象があるかもしれませんが、それだけではありません。自社の商品やサービスをもっと深く、広く知ってもらうことも、立派な顧客サポートの一つです。

つまり、同じ商品を購入してもらうこと（リピート）や、過去に購入したものとは別の他の商品も購入してもらうこと（クロスセル）、そして顧客向けの各種サービスや制度を伝えることも、ＥＣサイトの目的なのです。

このうち、三つ目のサービスや制度の案内は、売上に直接つながりにくいと思われがちですが、実は重要なポイントでもあります。

返品交換のルールや、ポイント＆ランク制度の紹介、定期コースへの切り替え方法などがわかりやすく示されていれば、安心して買い物ができるし、購買意欲も高まるというもの。ＬＴＶのアップや、紹介なども期待できます。

ECサイトとランディングページを使い分ける

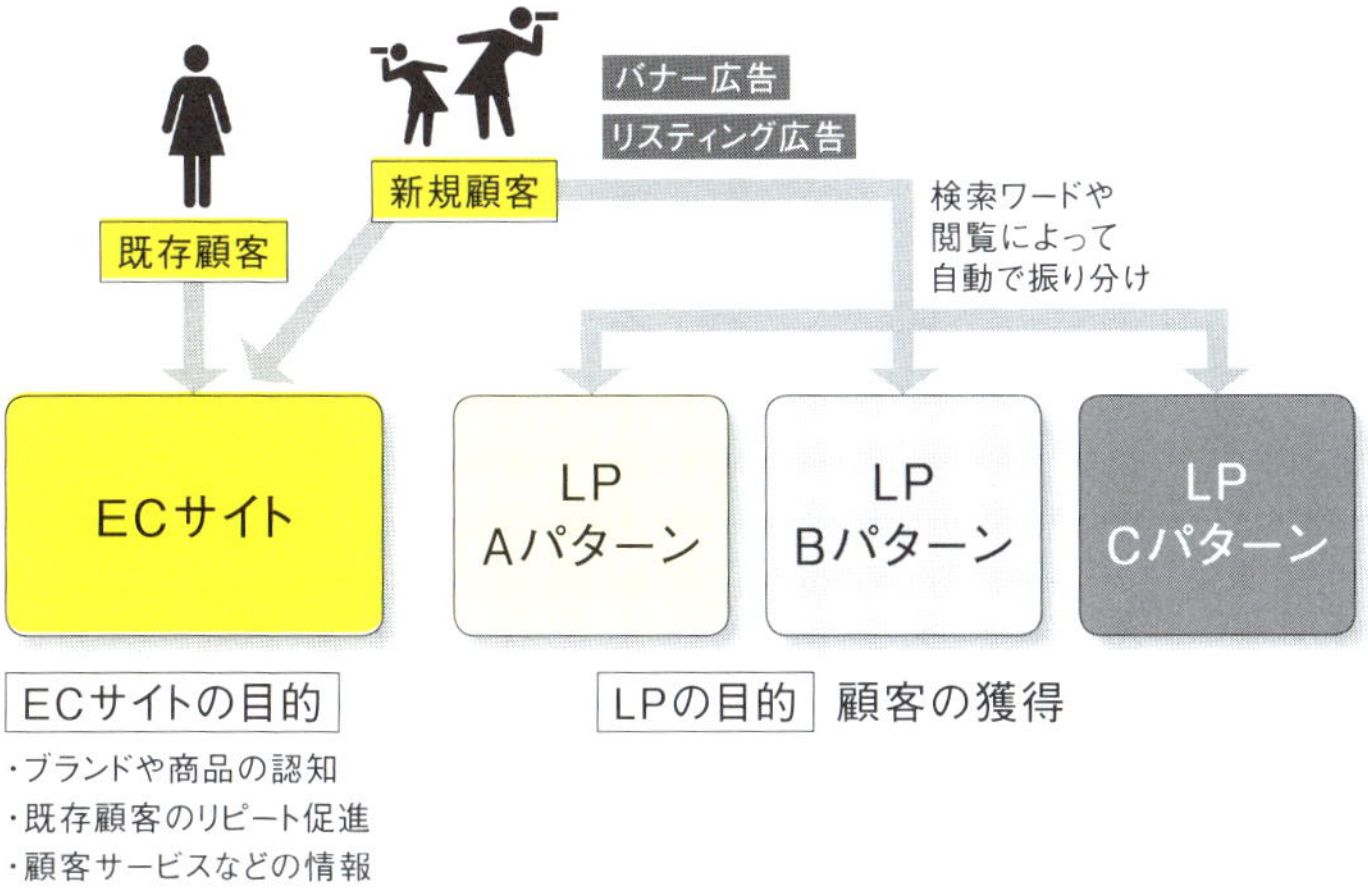

既存顧客と言っても、LTVの高い客から低い客までステイタスはいろいろ。もちろん、ニーズも違う。同じラインの商品を買い続ける人もいれば、多種多様な商品を試す人もいます。

こうした顧客一人ひとりの購買履歴や閲覧履歴、さらには過去のキャンペーンに対する反応などに応じて、最適なメッセージを確実に伝えることが重要です。

既存顧客により深く、より長く愛してもらう――そのために、ECサイトはあるのです。

改善アクション3

テストと効果測定を繰り返す

ウェブの最大のメリットは、低コストであれこれ試行錯誤できること。そう、スモールテストが容易な点です。

バナーやコピー、検索キーワード、LPやECサイトのビジュアルなどを、紙媒体などと比べて格段に安い費用と手間で変えられます。

しかも、その効果を検証するのに必要なデータを、ほぼリアルタイムで正確に計測できるのが、リアル店舗との最大の違いです。

例えば、デパートで一日の正味来店客数を把握しようとすれば、大変な労力とコストがかかります。出入り口で単純にカウントすることはできますが、日に何度も出入りするお客も、最短ルートを求めて通り抜けに利用するだけの近所のサラリーマンも、その都度カウントされてしまいます。

さらに、来店客のうち何人が買い物をしてくれたか、来店したきっかけは何だったかかな

んて、まさに知る由もありません。

しかしウェブ解析をすれば、そうしたデータを比較的正確に把握できます。一番目の正味来店客数はUUですし、二番目の購入割合はCVR、三番目の来店ルートは参照元や検索ワードということになるでしょう。

これ以外にも、計測すべきデータはたくさんあります（詳しくは一九二ページのコラム「これだけは外せないウェブサイトの効果指標」を参考にしてください）。

こうした指標を意識しながら、目標を下回るときは広告を変えてみたり、新たなセールやイベントを企画実行したりして、再度その効果を測定し、分析や改善を行う――このPDCAサイクルを、スピーディーに何度でも、そして低コストで回すことが、ウェブで勝つためには絶対に欠かせません。

これを続けていくと、だんだん費用対効果の高い「型」がつかめてきます。ただし、もうこれでOKということはありません。さらにスモールテストを重ね、ブラッシュアップを図りましょう。

ちなみに、私が知っている会社の中には、何と月間一〇〇パターンのＬＰを作ったり、二〇〇パターンのバナーを試したりするところもあります。小さな成功に満足せず、最強の「型」を貪欲に追い求めるほど、通販ビジネスの成功率は高くなるのです。

では、目標とすべきＣＶＲはどれくらいかと言えば、化粧品や食品などの一般的な商材の場合、新規向けのＬＰなら少なくとも三％、できれば五％は達成したいところです。なお、既存顧客向けのＥＣサイトについては、あえて目標値を設けず、常に「今よりも少しでも良く」を目指してください。

集客のための広告媒体はこう選ぶ

さて、LPとECサイトの役割や、それぞれの特徴はおわかりいただけたかと思います。今度はそれらにおける具体的な施策について考えていきましょう。

先ほど、LPは新規顧客を集客する「店頭の特売コーナー」のようなもの、という話をしましたよね。そこで大切になるのが、LPに新規顧客を連れてくるための呼び込み、つまり「広告」とのつきあい方です。

数あるインターネット広告の中でも代表的なのが、「アフィリエイト」「リスティング」「純広告」です。どの媒体にもそれぞれ、メリットとデメリットがあります。

3章でも説明した通り、成果報酬型の「アフィリエイト」は、CPOがコントロールしやすい半面、リピート率が悪いのが難点。また、ある程度の流入数をコンスタントに確保できるようになるには、時間がかかります。

これに対して即効性が期待できるのが、特定のキーワードで検索したユーザーに対し、関連する広告を表示する「リスティング」です。同じく検索エンジンからの集客を狙うSEO対策と比較すると、キーワードと広告文を決めて、お金をかけさえすれば、すぐにでも上位に表示されるリスティングの即効性は際立ちます。

初期費用が安く、キーワードによってターゲットを絞り込めるのも利点ですが、クリックのたびに課金される仕組みのため、予算オーバーになってしまうことも。一日の上限を決める方法もありますが、機会損失につながる可能性もあるので、適正な予算管理が必要です。

また、広告内容の見直しやキーワード追加、キャンペーン情報の掲載などの更新作業に手間がかかるのも、頭の痛いところ。ただし、精度の高い運用ができるかどうかが効果を分けるので、手を抜くことはできません。

手離れの良さで選ぶのならば、ウェブサイトやメルマガなどに掲載するテキスト広告やバナー広告などの「純広告」でしょう。制作して出稿した後は、基本的には手間がかかりません。売上には直結しにくいのが最大の弱点ですが、ブランディングや認知度向上には役立つので、中長期的な視点で捉えましょう。

というわけで、どの広告にどれだけ投資するかはケースバイケースですが、立ち上げ期は、効果のあるなしにかかわらず決まった費用が発生する純広告よりも、成果報酬型のアフィリエイトやリスティングのほうが費用対効果は高くなるはず。それも、クリックごとに課金される「クリック保証」より、コンバージョンがあって初めて課金される「CV保証」のほうが、効果のブレが抑えられます。

つまり、リーチ（どれだけの人が広告を見たかという到達率）、クリック、CVといった指標の変数が少ないほど、CPOがコントロールできるということ。費用対効果が優れているということなのです。

ただし、変数がゼロの広告はありません。例えば、ＣＶ保証のアフィリエイトの場合も、3章で説明したように、リピート率が弱い、なりすましのためにＬＴＶが伸びない、効果が読みにくいといった問題があります。

もう一つ心配なのは、アフィリエイトのサイト自体には、広告主のコントロールが及ばない点。サイトのトーンやマナー、紹介のされ方によってはブランドイメージが損なわれるおそれがあることも覚えておいてください。

ＬＰ最適化の決め手

次に、ＬＰ最適化のための施策について見ていきましょう。

ＬＰは一ページで完結するタイプがほとんど。いわば「チラシ」のようなものです。ポイントは、ターゲットの注意を引き、関心を持たせ、ほしいと思わせる「説得力」。他の商品の説明や、他のページへのバナーなどは一切設けず、最後まで一気に読ませてコンバージョンへとつなげます。

ここで最も注視すべき指標は、「直帰率」と「離脱率」の二つです。

「直帰率」が高い場合は、ターゲット以外のユーザーを集客している可能性高し！「シミを薄くする化粧水」のＬＰに、「ＵＶ効果の高い化粧水」を求める人が来てしまってい

る――といったパターンです。
リスティング広告のキーワードが適当ではないのかもしれませんし、バナーやテキスト広告の内容が適切でないことも考えられます。流入ルートも含めて、改めて見直してみましょう。

購入完了までの間の「離脱率」が高いのは、見る人の購買意欲を上げられていないからです。商品の魅力をちゃんと伝えられていますか？　コピーやビジュアルの訴求力は十分ですか？　入力フォームが多い、購入完了までのページが多すぎる、といった問題点もあるかもしれません。

集客からコンバージョンまでの流れ、「広告↓LP↓カート」という一連の導線をしっかりと設計して、ボトルネックが見つかった場合は、コンテンツの修正や導線の改善を重ねてください。

ここで、集客からコンバージョンまでの導線をうまくつなげた事例を一つ紹介しましょう。立命館アジア太平洋大学の留学生募集のためのプロモーションです。

立命館アジア太平洋大学（大分県別府市）は、アジアを中心に世界約一〇〇カ国から学生が集まる国際大学です。創立は二〇〇〇年。以来、安定した学生数を維持していましたが、二〇一一年三月一一日、東日本大震災が発生。このとき来日外国人が激減したのは記憶に新しいところです。当然、留学生も減るはず――。そう危機感を抱いた大学は、二〇一二年度入試に向け、ウェブマーケティングによる大胆な学生募集プロモーションを実施することにしました。

集客は、グーグルアドワーズとフェイスブック広告で展開しました。ちなみに、この際のフェイスブック公式ページの「いいね！」数は三万四〇〇〇を超えています（二〇一四年七月現在）。

そして、そのプロモーションの受け皿となるLPは、大きく四つのパターンを用意しました。「日本に留学しそうな海外の高校生」を対象にテストマーケティングを行い、彼らのニーズを分析した結果、次のキーワードをそれぞれ前面に押し出すことにしたのです。

① 就職（就職率九五％）
② 奨学金（優秀な国際学生は学費減免）
③ 二言語（ほとんどのクラスが英語と日本語の両方で開講される）
④ 学生生活（学生寮や課外活動、クラブ、サークル活動など）

それぞれのＬＰは、国ごとに、言語、コピー、イメージを変えて制作したので、合計一六パターンを作りました。

さらに魅力的なコンテンツ、知りたい情報がすぐ見つかる設計や迷わせない導線作りを心掛けたところ、何とＣＶＲ（資料請求）は六・五％以上に！　留学という人生を左右する重大な決断ですから、これはなかなかの数字です。

ちなみに、このプロモーションの特徴の一つが、クロスメディアであること。ウェブに

立命館アジア太平洋大学 留学生募集のLP最適化

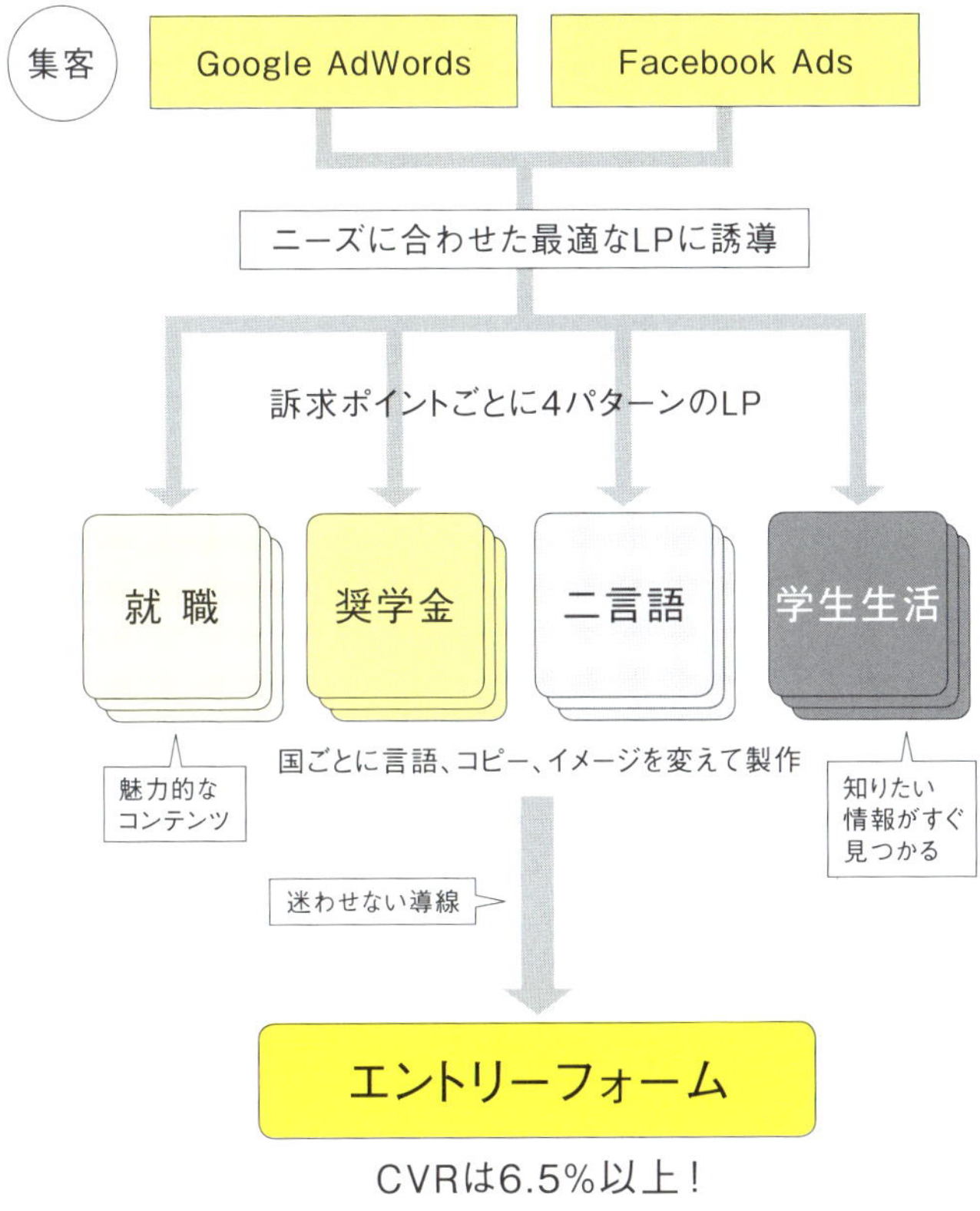

広告からLP、そしてコンバージョンまでの流れをきっちり作って、途中で滞らせないこと!

加えて、紙媒体などのリアルメディアでも展開されました。

ＬＰのエントリーフォームに登録した学生には、学生生活を説明するマンガ冊子を、またその親にはＤＭを送りました。バーチャルとリアルの両方でアプローチを続けた結果、ウェブの出願率は、最大で前年度比三〇〇％と飛躍的な伸びを見せたのです。

このマーケティング戦略を手掛けたのは当社なのですが、光栄にもダイレクトマーケティング界のアカデミー賞ともいわれる米ダイレクトマーケティング協会（ＤＭＡ）主催の「ＤＭＡ国際エコー賞」で「究極のチーム賞　リーダー」に選出されました。また、「全日本ＤＭ大賞」（日本郵便主催）では二〇一三年には銀賞とクロスメディア賞を、二〇一四年には金賞と同じくクロスメディア賞を受賞しています。

少し手前味噌になってしまいましたが、要するに何を伝えたかったかと言うと、「集客」と「ＬＰ」はセットで考えなければならない、ということ。ターゲットごとに訴求ポイントを見極め、一対のナイフとフォークのようにぴったり合致させることが重要なのです。

こまめな店舗改装で飽きさせない

売れるサイト作りで重要なのは、LPだけではありません。「既存顧客により深く、より長く愛してもらう」ためのECサイト作りも不可欠です。なぜなら、4章で説明した通り、通販ビジネスのカギを握るのは、「既存顧客のLTVをいかに上げることができるか」だからです。

にもかかわらず、久しぶりに再訪したECサイトが全く更新されておらず、ずいぶん前にストップしたまま――これでは、せっかくつかまえた既存顧客を逃しかねません。会社の近くの定食屋がいつも同じメニューでは、すぐ飽きてしまいますよね。既存顧客を休眠状態にしないため、何度も訪問したくなるようなサイトの更新性を高めましょう。

とは言っても、ECサイト本体に追加の情報を載せたり変更を加えたりするには、それなりの手間やコストがかかります。

自社で行うならともかく、専門の業者にその都度依頼するとなれば、外注費用がかかる上に、やり取りにも時間がかかるので、ウェブの本来の強みであるはずのタイムリーさが失われてしまいます。

そこで、うまく活用したいのがブログ。

通りかかるたび、つい入ってみたくなる――そんなお店が近所にありませんか？

例えば情報通のおばちゃんがいて、「今度、あの空き地に話題のレストランがオープンするらしいわよ」などと、街のニュースを教えてくれる。または、珍しい輸入食品を扱っていて、行くといつも新しいレシピや楽しみ方などの発見がある、などなど。

人気のあるECサイトも、ブログ機能を使って同じような工夫をしています。ブログはもともと主に個人が日記やメモを書くように使われることを前提に発展したものなので、とにかく手軽なのが利点。ワードプレスなどのブログソフトウェアを使えば、特別な知識がなくても、誰でも簡単に情報の更新や追加ができます。

そうした努力が実って再訪してくれた人には、なるべく長くサイトにとどまり、あちこち見て回ってほしいもの。頻繁にページを作り変えて、お店の棚や導線を変えることで、「また、あのサイトに行ってみよう」「あ、こんな商品が発売されている。買っちゃおうかな」という人が増えるはずです。

更新性がアップされれば、SEO効果も高まります。客足や、店内での動きを見ながら、こまめな店舗改装を行ってください。

答えはすべてデータの中にある

さて、ここで5章の流れを振り返ってみましょうか。

まず、LPとECサイトはきちんと分けて、役割分担させること。LPは新規顧客獲得のための、ECサイトは既存顧客との関係を深めるためのものと考えてください。特にLPについては、ターゲットの見極めや、広告との連動も重要だということもお話ししましたよね。

いずれにせよ、サイト作りにおいて何より強調したいのは、「データを活用すること」です。

集客からコンバージョンへ、さらに既存顧客のLTVアップへとうまくパイプをつなぎ、水が流れるようにするためには、効果指標の計測が不可欠。流れが悪いのはなぜなのか？どこがつまっているのか？滞りなく流れるようにするには、どんな仕掛けが必要なのか？そのためのヒントは全部、「データ」から得ることができます。

あらゆるものが測れる通販ビジネスの中でもウェブは特別。サイトの利用状況、強いところダメなところ、目標値との乖離、施策ごとの効果などが、ほとんどリアルタイムで測定できます。後はそれを分析して改善策を導き出し、売上への影響度が大きいものから順番に、着実に実行していけばいいのです。

こう書くと何だか簡単そうですが、正直言えば僕だって、勝率一〇割というわけにはなかなかいきません。改善策と一口に言っても、仮説を立てて、検証して、修正しての繰り返しで、結構根気が要求されます。ただ最後には、必ず課題を攻略して次のステージに進む――そこだけはいつも譲らないことに決めています。

裏を返せば、このプロセスを面倒くさいと思わずに楽しめるかどうか。それが、通販ビジネスの成否を分けると言えるのかもしれません。

Column

ECサイト立ち上げ時のポイント

「そもそもECサイトの立ち上げ方がよくわからないんだけど？」という人のために、簡単にポイントを紹介しましょう。

ECサイトの立ち上げ方には次の三パターンがあります。

①楽天やヤフーショッピングのようなECモールに出店する
②自社で独自開発する
③ASP（Application Service Provider）を利用する

①はモール側のシステムを利用できるため比較的簡単に立ち上げられますが、問題は②と③。つまり、すべてを自前で開発するか、市販のアプリケーションを利用するかの選択です。それぞれに長所と短所がありますが、よほどのこだわり

がない限りASPを利用するのがいいでしょう。

③のASPを建売住宅とするなら、②の独自開発は注文住宅。思いのままの設計や贅を凝らした作りが可能ですが、その分、コストも時間もかかります。一方、建売とは言っても最近は、ある程度はカスタマイズができるASPも増えています。ですから実際のところ、ほとんどの通販事業者がASPを利用しています。

ここでもう一つ大きな問題が。数あるASPの中からどこを選べばいいのか、ということです。よく知られているものだけでも、カラーミーショップ、ストアーズ・ドット・ジェーピー、ベイス、たまごカートなどがあります。「料金が安いから」「おしゃれなサイトが作れるから」などと安易に決めずに、まずはいろいろなプロバイダの開発経験などを聞いて回りましょう。

ASP選びで一番大切なのは、自分がやりたいと思っている施策をできるか

どうか――これに尽きます。独自開発に比べて、ある程度は制限があるのは仕方がないとしても、「え？　それもダメなの？」なんてことが意外に多いのです。

例えば、電話やはがきなどの受注システムを組み込めない、というところも少なくありません。それというのも、ＡＳＰは基本的にｅコマース向けの開発が中心だからです。また、管理画面でのオペレーターの操作性がイマイチなタイプもあります。

このほかにも、「キャンペーンコードが入れられない」「ＬＰからのルートがたどれない」など、ちょっとした使い勝手の悪さが、将来、足かせになってくるのです。

ＡＳＰ選びをする際は、立ち上げ期だけでなく、「いずれはこんなこともやってみたい」という将来的な施策もリストアップをしておきましょう。

事業規模が拡大してくると、キャンペーンのバリエーションも増えていくものです。そのうちテレビによるインフォマーシャルや、大規模キャンペーンなどに挑戦することもあるかもしれません。あるいは、紙媒体と連携して、電話やはがき受注を取り扱うようになることも考えられます。施策の可能性はどんどん広がっていきます。

　後々さまざまな制限を受けることのないように、まずは将来にわたりやってみたい施策、やるべき施策を一通り書き出してみることが重要です。その上でＡＳＰを一件一件回って、じっくり相談を。会って話を聞けば見る目も養われるし、学ぶことも多いはずです。

Column

これだけは外せないウェブサイトの効果指標

ウェブサイトの効果を定量的に評価するための指標を整理しておきましょう。

一口にウェブサイトと言っても、企業情報を伝えるコーポレートサイト、ブランディングや認知度アップのためのプロモーションサイト、そして販売が目的のECサイトなど、さまざまなものがあります。

実現したい成果や目標が違えば、測定すべき指標も当然違ってきますが、ここではECサイトのための数ある効果指標の中でも、必ず押さえておきたい代表的なものを説明しましょう。

CTR（Click Through Rate）

インターネット広告が表示された回数（インプレッション数）のうち、クリックされた数の割合。クリック数÷インプレッション（広告の表示、配信数）で算出される。

PV（Page View）

ウェブサイトや特定のページが一定期間内に閲覧された回数。同じ人が複数回閲覧した場合はその回数分がカウントされる。

UU（Unique User）

ウェブサイトや特定のページを一定期間内に訪問した人の数。ただし同じ人が違うIPアドレスや、パソコンやスマホなどデバイスを変えてアクセスした場合は、重複してカウントされる。

直帰率

最初のページだけを見て、サイトから離れてしまう割合。直帰数をPVまたはUUで割って求める。

離脱率

特定ページのすべての閲覧数（ＰＶ）に対する、そのページを最後にサイトを離れた割合。会員登録など、何らかのアクションを求めるページなどで高くなる傾向があるが、意図しないページがウェブサイトの「出口」になってしまっている場合は改善が必要。

ＣＶＲ（Conversion Rate）

ウェブサイトを訪れた人のうち、商品購入や会員登録などのコンバージョンに至った割合。コンバージョン件数をＰＶまたはＵＵで割って求める。

《ウェブサイト》勝利の方程式

UU

×

CVR

×

CTR

×

低直帰率

×

低離脱率

＝

勝てるECサイト

- ウェブでの月間新規顧客数 ≧ 1000人
- LPのCVR ≧ 3〜5%
- CV保証 ≧ クリック保証 ≧ 純広告

コールセンター

CHAPTER 06

顧客の声を聞いているか？

リアルがわかる顧客対応の最前線

通販ビジネスの醍醐味は、何と言っても卸会社や小売店を通さず、顧客とダイレクトにやり取りできることでしょう。顧客と直接つながればこそ、あの手この手の新規顧客獲得施策も試せるし、きめ細かな既存顧客向けの販促もできる。ニーズや悩み、クレームに耳を澄ますこともできます。

「コールセンター」は、そのために必要ないろいろな機能が集中する場所。通販ビジネスにおいてはほとんど唯一の、顧客とのリアルな接点と言えます。

最近は電話よりも、ウェブやメール経由のやり取りが増えているため、「コンタクトセンター」や「コミュニケーションセンター」などと呼ぶところもあります。けれど、どんな名前で呼ぼうとも、顧客対応の最前線であることに変わりはありません。

コールセンターの基本的な役割は、注文を受ける、問い合わせやクレームに対応するといったことで、まずはこれらの対応品質がしっかりしていることが大前提です。でも、できる通販のコールセンターは、それだけでは満足しません。

クロスセルやアップセルにつなげるのはもちろん、顧客とのやり取りを通じてマーケティングや新商品のヒントを得たり(実際に商品化された例もあります)、見込み客の発掘に力を発揮するコールセンターもあって、基本機能プラスアルファの働きをしています。

ところがオンライン受注が多い会社の中には、コールセンターを軽視してしまうところもあるよう。確かに商品やターゲット層によっては、電話での受注率が極端に低いケースもありますが、完全になくすことはまず不可能です。

社内に置くにしても、アウトソースをするにしても、低コストでできるだけ効率良く、なおかつ付加価値の高い仕事をしてもらいたいのは同じ。そのためには、販売促進や商品開発などの他の部門との連携がきちんと取られている必要があります。

あなたの会社のコールセンター、もしかしたら孤立したりしていませんか?

理美容品専門商社のコールセンター主任、渋谷由比さん(29)の場合
このたび、通販事業部の主任になった私。
といっても、部下は一人なんだけどね
部下
シャンプー
理美容品の卸をやってたんだけど、個人客にも売ろうっていうことで通販事業部ができたんだよね BtoCっていうの？
まぁ、私はいわゆる異動ってやつよ ハハハ…
あ、ホームページをごらんになられたんですか？ はい、そちらの商品は…
商品は薬用シャンプー、トリートメントが数種類だし、広告宣伝もしてないし…はっきり言ってヒマ～
部下ちゃん、おせんべ食べる？
ボリボリ
せんべい
電話よりネット注文ですよね、普通～
ヒマ～～～
ところが、ある人物の出現により、突然状況が変わった！その人物とは…
ぬっ
うちの社長の再婚相手美魔女！！！
オーホホホ
くびれバッチリ！シミシワ完全消去！ゴージャスなお姿とライフスタイルはアラフォー世代の憧れの的。
ま、まぶしい～
この奥さんって、有名な美魔女ブロガーで、ある日うちの商品をブログに書いたの。
美魔女Blog
花よりも長く光輝け!!!
髪が艶めくと10歳若く見られるざますよ
旅行のときも手放せません
(注)45さい

そしたら、口コミが広がっちゃって、急に問い合わせが入る入る！

ランチにも行けな〜い
おまけに、調子に乗った販促部が広告宣伝を頑張っちゃって…

わ！何これ！？

オススメ
美魔女シャンプー
トリートメント
わ！ここにも！

美魔
商品までどんどん増やして〜！

美魔女シリーズ商品増えたよ〜♪

ジャーン！

ひえ〜！もうやめて〜

うう…

その結果、ウェブより電話で注文や問い合わせをする40代のお客さまが増えてしまった（泣）

なにが「アンチエイジング必勝アイテム」じゃい！

やっぱりネットより電話よね〜！長話もできるし！

いろんなお客さまがいて、長電話する人、クレームを言い続ける人でも一番多いのは電話がつながらないっていう苦情…

ちょっと！電話が全然つながらないんだけどっ！

すみません！

アルバイトも数人入れたけど全然回らない！外注に出さないともう身がもたない〜!!

あぁ〜、トイレに行きたい〜

相当ストレスがたまっているようですね。でも、本当に気の毒なのはお客さんのほう。せっかく艶髪を求めて期待に胸を膨らませて電話をかけているのに、なかなかつながらないし、やっとつながったと思ったら、疲れきったオペレーターがやる気のない応対をする始末。これでは買いたい気持ちもいっぺんに冷めてしまいますよね。

こんな状態のまま、エイヤ！で外注すれば、せっかく好スタートを切った通販ビジネスが、コールセンターのせいで頓挫することにもなりかねません。

コールセンターの「失敗ポイント」はココだ！

失敗ポイント1

コール数を把握していない

見切り発車で通販ビジネスに踏み切り、形ばかりのコールセンターを社内に設けた会社の中には、月間総コール数も把握していないところが少なくない。だが、コール数などの

データはコールセンター運営の基本の「キ」。まずはデータを把握、分析し、万全の対応を目指すべきでは。

失敗ポイント2 アウトソーシング先の選定を誤る

安易なアウトソースはつまずきのもと。「低コストだから」と、型通りの電話対応しかしてくれない会社と契約してはいないだろうか。あるいは、注文を受けるだけの単純な受注コールに外注費をかけすぎてはいないだろうか。冷静に見直してみよう。

失敗ポイント3 外部に丸投げで社内にノウハウがたまらない

アウトソースすれば後は安心とばかり、自社では顧客からの電話に対応しなくなってしまうケースも。コールセンターは生の顧客情報が集まる宝の山。ダイレクトマーケティングの生命線でもある。大切な機能を社外にまるごと投げっぱなしはもったいない。

攻略のための「改善アクション」はコレだ！

改善アクション1

コール数の把握で確実な席数予測を

通販ビジネスをスタートするに当たり、考えなければならないのが、コールセンターの設置です。

「立ち上げ期は社内で対応すればよいのでは？」という会社がほとんどでしょう。フリーダイヤルを開設し、回線を準備すればコールセンターの設置完了！　のはずなのですが、実は落とし穴もあります。

社内では設置可能な席数（ブース数）が限られるため、せっかくかかってきた電話を受け逃す可能性があるのです。売上五億円規模の会社でも、「調べてみたら何と四〇％もの電話を逃していた」というケースもあるほど。

話し中などでコールがつながらないことを「あふれ呼」「話《わ》中《ちゅう》遭《そう》遇《ぐう》呼《こ》」と呼びますが、実

はこれ、非常に「もったいないこと」なんです。

顧客からのコールには受注電話や問い合わせ電話などがありますが、いずれも大きな商機。受け答え、やり取り一つで、受注のみならず、アップセル、クロスセルにつながるからです。

もちろん、「いつかけても電話がつながらない」なんてもってのほか。応答率（対応数÷コール数）は九〇％を目指しましょう。

では、どうすれば電話の応答率を上げられるのか？

まず、チェックしたいのが電話会社から提供されるトラフィックレポート。フリーダイヤルやナビダイヤルなどの通話について、総コール数やつながったコール数が把握できます。このほか、発信者数、同じ発信者が何回かけたのか、つながらなかった理由は――などを分析してくれ、一目でコールセンターのパフォーマンスがわかります。

次に、こうした分析データをもとに、コールセンターの「ゴールデンタイム」を見てみましょう。商品にもよりますが、コールの「山」は一日一つでなく、二つ以上あるのが一般的。それぞれの時間帯のメインターゲットに当たりをつけてみてください。「主婦なら午前九時台」「OLなら午後八時台」などです。

レポートのデータをもとにメインターゲットが電話しやすい時間を考慮に入れ、受付時間を決めましょう。ピークタイムの席数は必ず確保してください。

販売促進計画に合わせたコール数予測を行う必要もあります。

テレビでインフォマーシャルを放映したり、折り込みチラシをまいたりすれば、当日はじゃんじゃん電話が鳴り響くことになるでしょう。これに対してカタログや商品と一緒に送る同梱チラシの反響は、一カ月程度と緩慢です。

このようにコールの山の形や高さは、媒体によって変化するので、広告や販促の担当としっかり情報を共有しましょう。

ただし、どんなときでもあふれ呼ゼロを目指そうとすれば、費用がかさむのは避けられません。そのため、繁忙期には問い合わせ対応の応答率を少し下げて、受注を優先するなんてことも。コストとの兼ね合いで席数を決めるのが正解です。

改善アクション2

目的に応じてシェアード型か専任型か選択する

「そろそろ社内コールセンターでは対応できなくなる」と感じれば、早期にアウトソーシング先を検討します。

アウトソーシー（受託企業）のタイプは、大きく次の二つ。一人のオペレーターが複数の会社を担当する「シェアード型」と、専任オペレーターが担当する「専任型」です。前者はコストが安いのがメリット。後者は割高ですが、自社商品だけを担当してくれるので、継続するうちにオペレーターの商品知識が深まり、対応の質も向上していきます。

インバウンドの場合の応答率一件当たりの料金は、シェアード型なら二五〇円、専任型なら四五〇円が目安。もしもこの額を大きく上回っているようならば、価格交渉か委託先の見直しを検討しましょう。

どちらを選ぶべきかは悩ましいところですが、新規顧客の受注電話など、同じような対応をすればよい場合はシェアード型、カウンセリングのテクニックを必要とする既存顧客向けには専任型と、使い分けている企業もあります。既存顧客の場合は、さまざまな問い合わせに応じられるよう、他の商品やブランドについての知識が必要ですし、クロスセル、アップセルにつなげる力も求められます。

シェアード型を選ぶときは、「コストが安い」「通販実績のあるオペレーターが付いてくれる」の二つの条件を兼ね備えた会社を探しましょう。レポートやフィードバックも注目ポイント。稼働状況に関するさまざまなデータを分析した詳細なレポートを出してくれる会社なら安心です。クレーム処理などの対応を適切に行ってくれるかどうかも確認したいところですね。

専任型を選ぶポイントの一つは、「ノウハウを持っているか」どうかです。同じジャンルの実績があれば、ナレッジもたまっているはず。通販会社の側が教えられる点も多いに違いありません。

一方で、立ち上げ間もない時期には、親身になって試行錯誤をしてくれる、会社規模が同程度のところを選ぶのも一つの方法です。専任というよりもむしろ「専属」のような関係を築いて、お互いに成長していくこともできます。

自社運営と外部委託のメリット・デメリット

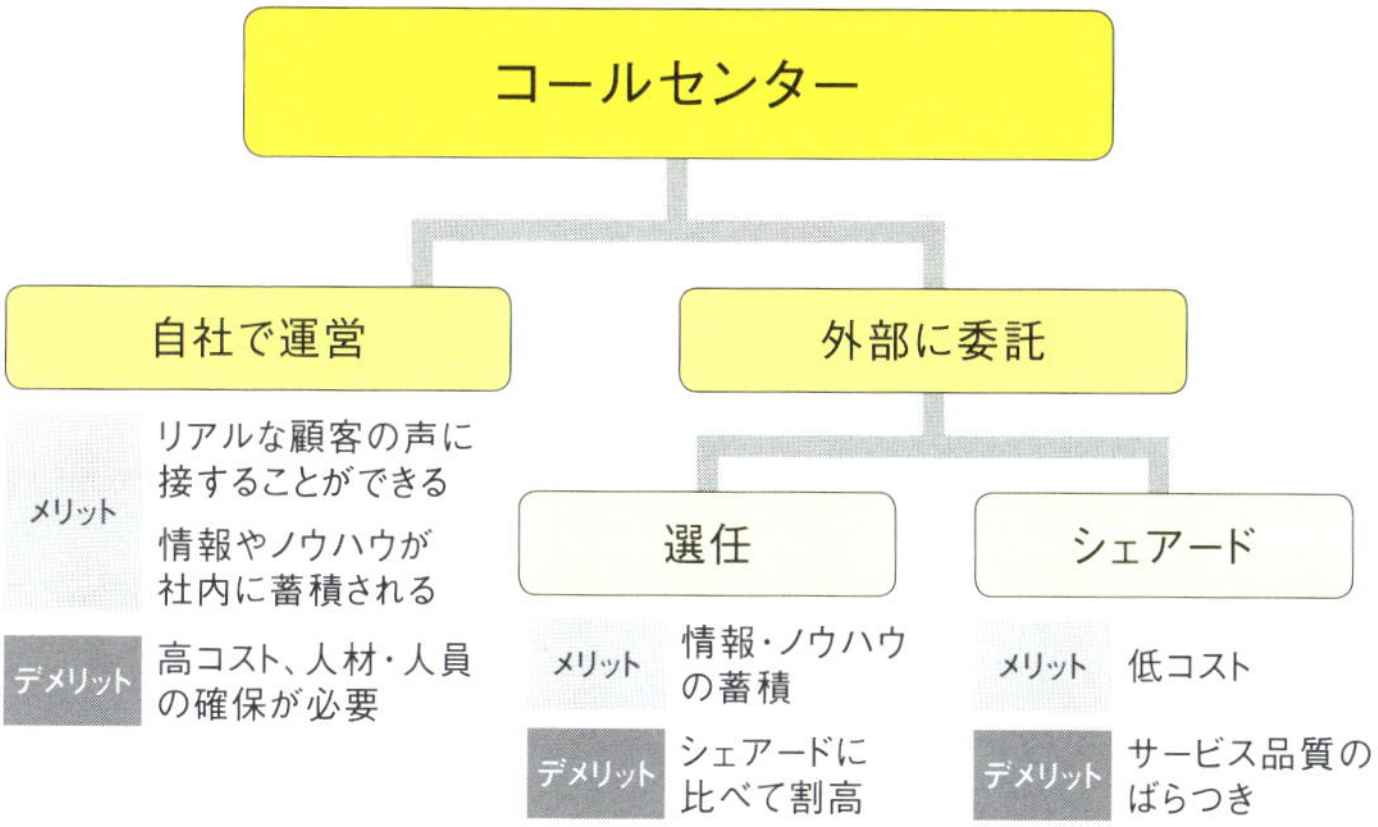

改善アクション3

社内にもコールセンター機能を置く

「ものづくりに専念したいから」「オンラインの受注がほとんどだから」といった理由で、社内にコールセンター機能を全く持たない会社が少なくありません。一見すると効率的に見えますが、これもまた、非常にもったいない考え方です。

受注や問い合わせの電話は、リアルな顧客の声に接する貴重な機会。アウトソーシーから上げられるレポートや、インターネットの「お問い合わせメール」からは、まず入手できない情報に出会えます。

「洗顔石けんの泡立て方がよくわかりません」という問い合わせがあったとします。メールの文章を読むと、単なる「質問」ですよね。でも、電話でこう聞かされたらどうでしょうか。

「洗顔石けんの泡立て方がよくわからないんですけど！」

これはもう、「質問」ではなく、完全に「クレーム」ですよね。声のトーン、テンションなどから読み取れるものは実に多いのです。

仮にアウトソースする場合でも、社内のコールセンター機能は残すようにしておきましょう。

顧客の声を蓄積することが目的なので、一、二回線でもかまいません。問い合わせや受注などの一次対応はアウトソースして、そこで対応しきれなかった案件だけを二次対応として社内で行うというように、機能を分けるのも効率的です。

改善アクション4

トークスクリプトを練り上げる

すでに説明したように、顧客からの電話は大きなチャンスです。しっかり対応して確実に、アップセル、クロスセルにつなげましょう。そこで必要なのが「トークスクリプト」です。トークスクリプトは電話対応の台本のようなもの。さまざまな顧客の要望、問い合わせ、クレームなどに応じ、対話を重ねながら商機につなげていきます。

まずは、基本的な顧客情報や、悩み・ニーズなどを聞き出すことから始めます。その上で、相手の要望に応じた提案を行うための、さまざまなスクリプトを作成します。受注スクリプト、新規顧客獲得スクリプト、アップセルスクリプト、クロスセルスクリプト、本品・定期引き上げスクリプト、解約回避スクリプトなどなど、たくさんのパターンが必要になります。

単なる受注スクリプトは簡単に作れそうですよね。

「このたびはお買い上げ、誠にありがとうございます」「それでは、商品のお届け先を教えていただけますか？」といった具合です。

これに対して、数あるスクリプトの中でも奥が深いのが、解約回避のためのもの。解約を希望する顧客を引き止めるためのポイントは二つ。

「相手の問題意識をしっかり受け止め、解決のための提案をする」こと、そして「相手に選択させない」ことです。

新たな提案を投げかけて「どうなさいますか」と聞いたりしたら、「結構です」の一言で電話を切られてしまいます。

「今解約されると、せっかくためられたポイントや定期コースのお客さま限定のご優待がご利用いただけなくなってしまうので、次の一回はお休みということにさせていただきますね」

「何だかこちらの勝手で悪いわ」

「とんでもありません。休止期間の変更もお電話やメールで簡単にしていただけます」

思わず「イエス」と言わせてしまうトークスクリプト

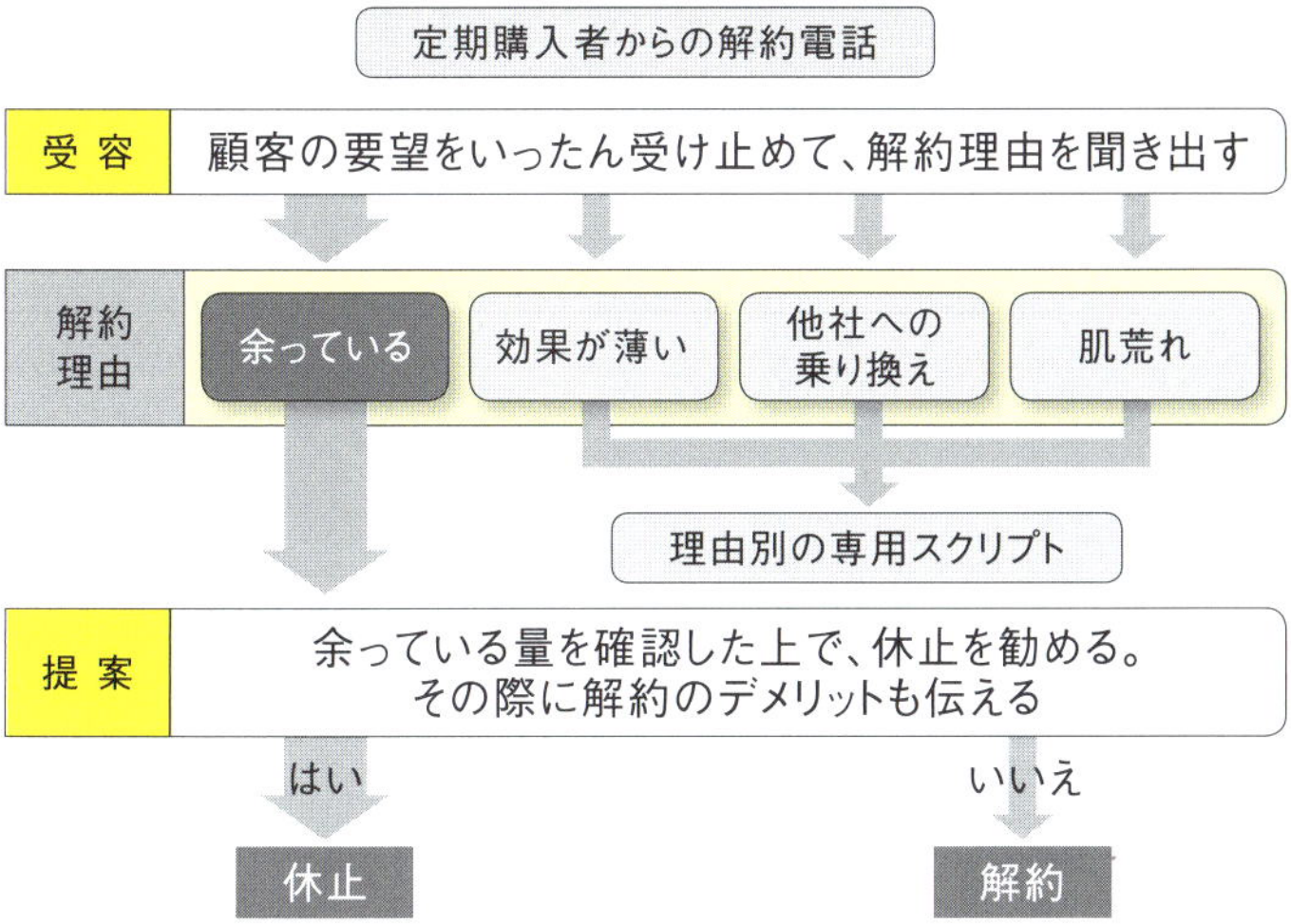

「それなら、お休みということにさせていただこうかしら」

こんな調子で話を展開していけば、解約は食い止めることも可能です。ポイントは、相手に「イエス」しか言わせないようにすることです。もちろん強制するのではなく、心から納得して「イエス」と言ってもらわなくてはなりません。

そこで必要となるのが、解約理由に応じたスクリプトです。例えば、化粧品の定期購入コースであれば、「余っている」「効果が薄い」「他社のものに乗り換えたい」「肌荒れが気になる」などの理由ご

とに、専用のスクリプトを用意します。

当社が担当したケースでは、解約回避スクリプトを改善した結果、解約回避率が五％から六〇％に上がった会社もあります。改良を重ねて、少なくとも五〇％以上は確保できるようにしましょう。


トライアルから本品、本品から定期コースへの引き上げのためのスクリプトも、解約回避と並んで重要です。引き上げで重要なのは、顧客にとって一〇〇％メリットとなる状況を作ること。誰が見てもそちらの（引き上げた）ほうが得なことが明らかな提案を、わかりやすくするのです。

少し極端な例かもしれませんが、例えば本品三〇〇〇円プラス送料一〇〇〇円が、定期だと毎回一五〇〇円で送料無料、二回目以降はいつでも解約自由となれば、顧客にとっては定期コースにしない理由がなくなります。

引き上げ率は、トライアルから本品ならば四〇％以上、本品から定期ならば八〇％以上が目標です。

トークスクリプトは「一度作ればそれで完成」というものではありません。実際に使っているオペレーターから意見を吸い上げつつ、使い勝手を良くしていきましょう。

大切なのは、結果数値を正確に測ること、そして改良すべき点があればどんどん改良していく姿勢です。常にレポートやデータを見つめ、テストを繰り返しながら、より良いスクリプトを作り上げてください。

どのコールセンターでもたいてい一人か二人は、飛び抜けた実績を上げているオペレーターがいるもの。スクリプトに取り入れたり、皆でやり方を学んだりして、ノウハウを共有しましょう。

最後に、アウトバウンドのコツについても触れておきましょうか。顧客からのコンタクトを待つインバウンドと比べて、こちら側から顧客に働きかけるアウトバウンドは難易度が高め。いきなり売り込みの電話がかかってきたら誰でも当惑するし、警戒しますよね。

「もしもし、何の用?え、売り込み?いりません!」。ガチャン!で終わりです。

だからこそ、「フック」——電話をする理由——が必要なのです。

例えば、とにかく目立つダイレクトメール。トラ柄、金ぴか、動物型、プレゼント包装したサンプル付きのものなど、いやでも目をひくダイレクトメールを送って、相手の注意を引いておきましょう。

到着した頃に「すでにお手元に届いたかと思うのですが、実は直接お伝えしたいことがありまして」と電話すれば、「ああ、あれね」と耳を傾けてくれるかもしれません。

繰り返しますが、電話は顧客と直接、接触できる貴重な手段。相手の気分を読み、空気を読んでやり取りすれば、大きなチャンスにつながります。

とはいえ、うまく電話がつながる割合は六〇〜七〇％が一般的。若年層の場合は、五〇％程度です。

何度かけてもつながらないのでは、コストと時間の無駄ですから、アウトバウンドは「スリーコールアウト」が鉄則、と思ってください。違う時間、曜日に三回かけてダメならあきらめましょう。

ライバルに差をつける顧客対応

コールセンターなんて地味な仕事。正直なところ、誰がやってもたいして変わりはないんじゃないの？

もしそんなふうに思っているなら、今すぐ考えを改めてください。コールセンター機能の良し悪しがビジネスの成功を左右することだってない話ではないのです。

通販ビジネスで意外と見落とされがちなのがフルフィルメント（受注、出荷、配送、決済などの業務）。商品や販促ほど力を入れない会社が多いということは、裏を返せば他社との差別化がしやすいということ。とくにコールセンターは、それらの裏方の中でも要に当たる部分です。

事実、六割以上の人が、「オペレーターの対応品質がその後の利用に影響する」と答え

たデータもあります。結構な数字だと思いませんか？　良い商品を作って、練りに練った販促をしても、コールセンターですべての努力が台無しになってしまう、なんてこともあるのです。

逆に、コールセンターを強みにした通販会社もあります。あのアマゾンさえも恐れたという靴通販のザッポスです。コールセンターのスタッフ一人ひとりが「コンシェルジュ」として顧客のニーズに徹底的に応えることで、絶対に失敗するとされていた靴の通販で大成功をおさめました。

ものを買おうという顧客に対して、すばらしいサービスを提供する「サービス・カンパニー」となったザッポスは、その後アマゾンの傘下に入りました。アマゾンに八〇〇億円を投じても買収したいと思わせる「バリュー」が、ザッポスにはあったということです。そして、そのバリューを支えていたのが、顧客との最大の接点である「コールセンター」だったのです。

このように、せっかく得た顧客の声や情報を、顧客満足度向上や収益拡大につなげるためには、顧客管理部門をはじめ、商品開発や販促などの部門と密に連携をとり、さまざまな施策に反映させていく必要があります。

「うちのコールセンターは業界一！」

社内でそんなふうに言われるようになれば本物。他部門から頼りにされるようなコールセンターを目指しましょう。

《コールセンター》勝利の方程式

応答率

×

高引き上げ率

×

高解約回避率

×

低コスト

＝

勝てる顧客対応

これだけは
知っておこう!

- 応答率 ≧ 90%
- シェアード型 ≦ @250円
  専　任　型 ≦ @450円
- 解約回避率 ≧ 50%
- 引き上げ率
  - トライアル⇨本品への引き上げ率 ≧ 40%
  - 本　　品⇨定期への引き上げ率 ≧ 80%

物流

CHAPTER 07

コストと質のバランスはとれているか？

シンプルだけど奥が深い、意外な盲点

通販ビジネスの意外な盲点が「物流コスト」です。

日本ロジスティクスシステム協会の「物流コスト調査」（二〇一三年度）によると、通販事業の対売上・物流費率は一二・〇九％。全業種中トップでした。

一般の小売業などと比べても、配送件数ははるかに多いのですから、いたしかたない部分もありますが、それにしても売上の約八分の一を持って行かれるのは痛すぎますよね。

大丈夫、物流コストは戦略次第でそぎ落とすことができます！　その具体的な方法について、この後しっかり説明しましょう。

ただし、物流で大事なのはコストだけではありません。送料が安いのはもちろん大きな魅力ですが、配送における品質やサービスも、お客さまにとっては無視できない要素の一つなのです。

当日配達や翌日配達のサービスが広く浸透したことによって、通販なんだから届くまでに一週間ぐらいかかるのも仕方がない――そんなふうに考える人がどんどん少なくなっています。

リアル店舗で買い物をするように、今ほしいもの、すぐに必要なものをネットや電話で注文して、早ければ数時間後、遅くても翌日には手元に届けてもらうのが当たり前なんて、ずいぶん便利な世の中になったものですが、通販業者や物流会社にとっては、なかなか厳しい環境であるとも言えます。

できるだけ低いコストで、いかに早く、そして正確に届けられるか。物流ってシンプルなようで、意外に奥が深いんです。

家庭用品卸会社の通販事業部係長、新橋敏郎さん(38)の場合
当社はキッチン、バス、トイレ用品などの日用品をスーパーやドラッグストアに卸しています。
これはマツピヨに5ダース配送だな
ロールル
トイレットペーパー
高齢化が進んでるから、日用品もネット通販で手軽に購入しようっていう人が、これからは増えてくるだろうなぁ・・・
うーむ…
かいごパンツらくらく
そこで、遅まきながら通販事業をスタートすることにしました。
ジャーン！
ON LINE
ナウい！
わ〜！
レッツ、BtoCビジネス！
お、けっこうネット注文入ってきてるな〜♪よしよし♪
オンラインはじめました
ところが・・・思わず頭を抱えてしまう問題がふりかかりました
あ、あれ？
パラパラ…
配送費の重〜い負担です！
ズーン！
配送費
のぉ〜〜ぉ
ひゃ〜
キャ

思えば・・・
物流業者は・・・
う〜ん、昔からつきあいがある
大手運送会社にしよう!
ヘビタク…
ラクダ
クロクマ
腰が
腰が
くねくね
料金はちょっと高い
気がするけど、
個人宅に配達
するんだから、
ブランドイメージが
いいところが
いいよな〜♪
クロクマ
うんうん!
あ〜っ! あれが
間違い
だった〜っ!
ギャ〜
私としたことが、日用品は単価が
安いってことを完全に見逃してた!
18ロール298円のトイレット
ペーパーと、
9万8000円のブランドバッグが
ほぼ同じ送料だなんて
アンビリーバボ〜!!!
えっと、
事業部全体の変動費に
占める配送費の割合は・・・
23%!
ぐわっ
きた〜23%ぁ!!
ピピピ…
よく調べてみたところ、
お客さまにとっての優先度は
「配送会社のイメージ」よりも
「早さと安さ」。これが現実。
ズーン!
早い!
安い!
また腰が〜!
送料を上げたいけど、せっかく
ついてくれたお客さまが
離れちゃうだろうし、もう自分で
配送するしかないか〜(泣)
スクスクくん
キッチン用品
オムツ
ペーパー
ちょっくら北海道と
熊本にいってきます〜
もう重荷を
持たないで〜え

新橋さんのところの二三％は確かに衝撃的な数字ですが、変動費に占める配送費率が高い通販会社は少なくありません。物流会社のブランドイメージにこだわった新橋さんですが、通販ビジネスで物流を考えるときに何より肝心なのは、やっぱりコスト。外部委託先の選定や顧客への送料設定も含めて、もう一度、スタート地点に立ち戻るつもりで考え直しましょう。

新橋さんにはそうアドバイスしたいところですが、実はそう簡単な話ではないのです。一度決めた送料設定はいわばお客さまとの約束。引き下げる分には何の問題もありませんが、上げるとなると、抵抗を感じる人が出てくるのは必至です。だからこそ最初に、きっちり計画した上で送料を決めておかなければいけません。

コスト以外にも、遅い、誤配が多い、繁忙期に対応してくれないなど、受注件数が増えるほど問題が露呈してきます。通販ビジネスが軌道に乗るにつれて問題になるのが物流なのです。不満は物流会社に向かいがちですが、通販会社の側にも問題あり。委託するときに必要な機能や条件をはっきりさせていないから、ミスマッチが起こるのです。まずは、よくありがちな失敗ポイントを整理しましょう。

物流の「失敗ポイント」はココだ！

失敗ポイント1

受注額に対する配送費の割合が高すぎる

新橋さんのケースのような日用品などの廉価商品で利益を拡大するには、顧客規模が相当大きくなければ難しい。それだけに送料や出庫料を甘く見ると、大きな負担となり、ビジネスの存続そのものを脅かしかねない。商品の価格や大きさによって事情は異なるが、受注額に占める配送費の割合は八％以下に抑えるのが望ましい。

失敗ポイント2

安易な業者選びをしてしまう

従来からつきあいのある会社を選んでしまった、という新橋さん。だが、物流会社の中にはＢtoＢは得意だけれど、ＢtoＣはあまり実績がないところも少なくない（その逆ももちろんある）。

物流は通販ビジネスにおける血管のようなもの。どんなにすばらしい筋肉や頭脳があっても血管がつまれば生きていけないのと同様に、商品が滞りなく流れなければ、通販ビジネスも成立しない。

料金はもちろん、実績やノウハウの蓄積においてベストかどうか、しっかり見極めなかったことが最初のつまずき。

失敗ポイント3

顧客への送料設定が低すぎる

商品以外に売上を生み出せるのは送料だけ。中には価格をぎりぎりに抑えて、送料で利益を出している通販会社もあるほど。新橋さんの会社のように、ただでさえ安価な商材を扱う場合は、送料まで低く設定してしまうと、儲けどころが見つからなくなってしまうことも。

攻略のための「改善アクション」はコレだ！

改善アクション1

トータルの配送費で比較検討する

通販ビジネスの配送費には主に、送料（輸送費）と、商品の出し入れにかかる入出庫料があります（このほかに、保管料や在庫管理料がかかることもあります）。物流機能を社内に置くか外部に委託するかを決めるときにも、外部委託先を選ぶときにも、トータルの配送費で比較検討することが不可欠です。

配送費を抑えるには、次の二つの方法があります。

第一に、当たり前のことではありますが、複数の物流会社から見積もりをとって、少しでも配送料金の安いところを選ぶこと。料金設定の基本となる六〇サイズ（タテ・ヨコ・高さの合計が六〇㎝以下の荷物）の各社の料金を、エリア別、都道府県別にリストアップ。

これらに人口比率を掛け合わせた上で全国の平均料金を算出してみましょう。自社の県別出荷件数率がわかれば、より正確に算出できます。

このとき入出庫料も忘れずにチェックしてください。

商品をメーカーや問屋などから受け入れるのにかかるのが入庫料。入荷を受け付けるだけでなく、商品や数に間違いがないかチェックするための費用が含まれているケースが多く、入荷の形態(トラックやコンテナなど)や量などによって決まります。

一方、出庫料は、ピッキング料金(出荷指示に従い、品物を在庫から選び出すこと)、DMなどの同梱料金、箱詰め料金など、配送する際にかかるコストのことです。「五点までで○○円」など、会社によって細かな契約形態の違いがあります。

配送費を抑える第二の方法は、梱包を工夫すること。

一件当たりの配送費は梱包のやり方一つで変わります。ほとんどの物流会社に共通することですが、送料の最低料金は六〇サイズに設定されています。従って、なるべくこのサイズの箱に詰められるよう、最初から商品、包装を設計しておきたいもの。
例えばトイレットペーパーのように容量の大きいものは、最初から商品リストから外す、というのも一つの手です。

とはいえ、立ち上げ期は出荷量もさほど多くないのが普通。ある程度の規模になれば、物流会社も送料や出庫料を割り引いてくれますが、スケールメリットが出せないうちは、自社で梱包や同梱などを行ったほうが割安な場合もあります。アウトソースするか、自社でまかなうかはあわてて判断せず、送料、出庫料をよく検討して見極めましょう。

改善アクション2
委託先はコスト・正確性・柔軟性で選ぶ

物流会社を選ぶときに、コストに加えて注意したいポイントが、正確さやスピードです。ピッキングや配達の正確さが大切なのは言うまでもありません。物流会社はどこも、「うちは正確さには自信があります」「誤配率が低いのが自慢です」などとアピールしてくる

はずですが、本当はどうなのか？
あらかじめ、同業者に評判を聞いたり、口コミを調べるなどして、実力を把握しておくようにしましょう。

またスピードについては、少なくとも一日、二日で商品を出庫できるかどうかは確認しておきたいところです。ここで肝心なのが、「出荷頻度」。

例えば一日一回しか出荷しない物流会社と、二回出荷できる物流会社とでは、対応力が大きく変わってきます。一日に二回出荷できる場合は、午前中に受注したものを午後一時に出荷指示すれば、夕方配送できるわけですから。

どれくらい融通がきくかも大事な点です。「今日からこのパンフレットを同梱してほしい」「サンプルを同梱したい」といった突然のオーダーにも、柔軟に対応してくれる会社ならベストです。

とは言っても、融通をきかせた結果、ミスが増えては本末転倒。その意味では、経験値

物流会社の選び方

①コスト	送料だけでなく入出庫料にも注目
②正確性	商品管理の不徹底や取り違い、誤配・遅配は顧客喪失に直結つながるおそれが大
③柔軟性	急な出荷数の増減やイレギュラーな同梱などに対応する融通性はあるか？

配送費＝ | 送料 | 入出庫料・保管料など

配送費は送料だけじゃない。
入出庫料や保管料にも注目！

の高い、実績ある物流会社を選ぶのが正解かもしれません。

改善アクション3

迷ったら、送料は高めに設定する

物流会社が決まり、配送費の見当がついたら、今度は顧客に支払ってもらう「送料」を決めましょう。「送料無料を前面に出せば、新規顧客をつかめるのでは」と、最初から「全品送料無料」をうたう会社も多いようですが、これは絶対NG！

なぜなら、送料はいったん決めてしまうと、後からなかなか上げられないからです。

言い換えると、送料をフックにしたプロ

モーション、「五〇〇〇円以上のお買い上げで送料無料!」「定期購入なら、一品からでも送料無料に」などの施策が打てなくなる、ということ。

「送料は迷ったら高めに設定しておく」が鉄則と覚えておいてください。

さらに、逆転の発想になりますが、配送費を下げるのではなく、一件当たりの受注額、つまり平均出荷単価を上げるという方法もあります。

例えば、複数商品の定期購入の配送サイクルをまとめていく努力。クロスセル率を上げてセット販売を推奨していく努力。実際この小さな努力で出荷単価（配送一件当たりの受注額）を五〇〇〇円から八五〇〇円に引き上げた会社もあります。仮に一件当たりの配送費を四五〇円とすると、受注額に占める配送費の割合は実に九%から五%台に低下した計算になります。

配送費引き下げと出荷単価の引き上げという両面からのアプローチで、配送費の負担軽減を目指しましょう。

コストも質も妥協せず追求する

なぜリアル店舗ではなく通販を利用するのか。

自宅や移動中に、いつでも時間を気にせず買い物ができる、価格が安い、通販でしか買えないものがあるなど、その理由はさまざまですが、重いものやかさばるものを、スピーディーに自宅まで運んでくれるのが魅力という人は多いはずです。特に郊外に住んでいる人や、これからどんどん増える高齢者にとってはありがたいサービス。

そう、配送に対する期待は意外に大きいのです。

ただ、それだけにその品質に対する目も厳しいようです。ある調査によれば、送られてきた商品に問題がなくても、梱包が変形・破損していた場合には、実に三一・三%もの人

がクレームを入れています(経済産業省「平成二四年度我が国情報経済社会における基盤整備報告書」より)。

普通にできて当たり前。少しでもミスがあればたちまちクレーム化する。これが物流の怖いところでもあり、面白いところでもあります。

その一方で、配送費は変動費の代表格なので、これを削減することは利益率アップに直結します。

物流会社との間で決めた配送料金も、事業の拡大に合わせて見直すことを忘れずに。売上が二倍、三倍になっても、最初に決めた料金をそのまま支払っていたなんていうケースが少なくありませんが、出荷量が増えれば価格交渉にも応じてくれます。コスト削減の努力は常に続けましょう。

低コストで、しかも質の良い物流機能を確保している通販会社と、そうでない通販会社の差は、売上が増えれば増えるほど広がることになります。コストも質もきっちり追求して、血管さらさら、足腰の強い通販ビジネスを作り上げましょう。

〔参考文献〕

「二〇一三年度 物流コスト調査報告書」（公益社団法人日本ロジスティクスシステム協会）
「平成二四年度 我が国情報経済社会における基盤整備報告書」（経済産業省）

《物流》勝利の方程式

低料金

×

高出荷単価

×

低誤送率

×

スピード

＝

勝てる物流

●配送費 ≦ 受注額×8％

※商品の大きさや単価によって異なるので、
あくまでも目安として

組織

CHAPTER 08

チームで戦う準備はできているか？

勝てるチームをどうやって作るか

通販ビジネス課題攻略の旅も、とうとう最終章を迎えました。

ここまで読んでくれた皆さんは、通販ビジネスの成功に不可欠な、事業計画、商品開発、新規獲得、既存販促、ウェブサイト、コールセンター、物流の、七つの課題を攻略するための武器を手に入れることができたはずです。

しかしまだ、ゴールに到達するには決定的に足りないものがあります。それは人と組織。このミッシングピースが埋まらない限り、目的の地にたどり着くことはできません。

「うちはせいぜい一〇人程度の所帯だから」と言う人もいるかもしれません。

でも、たとえ何人でも人や組織が重要なことに変わりはないはず。組織というのが大げさなら、チームと置き換えてもいいでしょう。力を合わせて共通の目的や目標を達成するのがチーム。このキーアイテムを手にすることができればゴールは間近です。

でも実際には、人材の悩みを抱える通販会社が驚くほど多いのです。小規模組織がほとんどということもあり、サイト開発、クリエイティブ、PR、商品開発などなど、それぞれの仕事が専門化、細分化しやすいのが特徴です。

こうなると各部門がタコツボ化して意思疎通がうまく図れず、メンバーが孤独な環境に置かれがち。その結果、いわゆるギスギス職場になってしまったり、いきなり誰かが辞めてしまったり――という悲劇も。

1章に登場したアパレル通販社長の日暮里さん。今度はどうやら組織の問題に直面しているようです。

仲間とはじめたアパレル会社を順調に成長させてきた
日暮里美咲さん(31)の場合
スタート時はちょっと失敗したけど、その後わが社は年商四億円にまで成長しました♪
月子、サイト更新よろしくね～
はーい
当社と提携して中国でも事業をはじめませんか?
商品アイテムが増えて、高級ブランドの宝飾品も扱うようになったし♪
うちの会社はうまく成長してるよな～
次は中国進出か～
と思っていた矢先、とんでもない事件が私をおそったのです…
あ、月子～、調子どう～?
社長、急ですが、辞めさせていただきます
ええ～!?
辞表
辞めさせていただきます
ええ～!!
辞表
ズラ～リ…
大切なパートナーと思っていた友人の月子が会社を辞めてしまったのです。
しかも、有能な社員を引き連れて!
のお～っ
おそろしい子!
さらに
え～!
月子がうちと同じようなサイト立ち上げてる～!

ねぇ知ってる?
月子さんの会社が
うちの顧客リストのお客さまに
DM送ってるんだって〜
ボソボソ…
え〜
なぬっ!
社員
信頼していた友人に裏切られた
ショックは並大抵じゃ
ありませんでした…
ご飯もろくに喉を
通らなかったくらいです…
何が悪かったんだろう…
数字のことは私と
経理担当だけでやってたから、
それが不満だったのかなぁ…
十二分な給料を出してた
つもりなんだけど…
しょぼん…
社長〜
さかなも
たべてね〜
そりゃぁ私は営業で忙しかったから、商品企画も
サイト運営も月子にぜーんぶ任せっきりだったけど、
それも信頼してたからこそなのに……
社長、新作が届きました
社長、
上場するなら
いまがチャンス
ですよ!
あ〜、月子に
任せる!
経費が
かかり
すぎ
です!
はっ!
商品については
彼女が一番目利き
海外人脈も彼女が握ってた。
サイト運営にいたっては、
残った社員はほとんど素人同然…
社長の私にもわからん…
しゃちょう??
これじゃ会社がつぶれちゃうよ〜!
きゃ〜
えらこっちゃ
えらこっちゃ
きゃ〜
じたばた
じたばた

事業計画の見直しで成長軌道に乗ったかのように見えた日暮里さんを待ち受けていたのは「人」の落とし穴。友達でもあったパートナーに裏切られたことが相当なショックだったようですね。しかし、うろたえているばかりでは経営は成り立ちません。気を取り直して、もう一度チーム作りに着手しましょう。

ただし、新しいメンバーを募集したところで、何がいけなかったのか、どう変わればいいのかがはっきりしていなければ何度やっても同じこと。日暮里さんのケースを参考に、組織作りで犯しがちな失敗ポイントを確認しましょう。

組織の「失敗ポイント」はココだ！

失敗ポイント1

業務を見える化できていない

お互いの業務がブラックボックス化されていて、担当外のことはわからない状態。業務の属人性が高く、突然、誰かが辞めてしまうと、組織の混乱が避けられない。

失敗ポイント2

フロントとバックが分断されている

広告宣伝、販売促進、コールセンターなどのフロントヤードと、管理部門、商品開発、システム部門などのバックヤードが分断されていて、意思疎通も情報共有も不十分。前輪と後輪がバラバラの動きをする車が、まっすぐ速く走れるわけがない。

失敗ポイント3

目標共有と各部門への落とし込みができていない

「社長と目標を共有できない」。日暮里さんの友達が会社を去った原因はそのあたりにあったのでは……。売上や利益などの数値目標、その達成率などの数字は、経営陣だけでなく社員全員で共有すべきもの。

会社としての目標を部門ごとに落とし込んだ数値目標や、それを実現するための具体的な行動計画がなく、ただ「頑張れ」とはっぱをかけるだけでは、社員のモチベーションやロイヤリティはダウンしてしまう。

失敗ポイント4

必要以上に社員が多い

もう一つ、立ち上げがうまくいって成長軌道に乗ったところに多いのが、無計画に社員を増やしてしまうという失敗。人件費の負担が重くのしかかるのはもちろん、指揮命令系統が混乱するというデメリットも。

人数が多いほど目標共有は一般的に難しくなり、マネジメントの知識や仕組みも必要になる。適正な社員数を維持しよう。

攻略のための「改善アクション」はコレだ！

改善アクション1

情報共有で組織にナレッジを蓄積する

日暮里さんが遭遇したような災難は、通販ビジネスの世界では決して珍しいことではありません。「事業は人なり」とはよく耳にする言葉ですが、通販ビジネスについても全く同じ。先述した四つの失敗ポイントをしっかり理解した上で、チームビルディングに臨みましょう。

チームを作る上での最初の問題は、どんな人材を迎え入れるかです。

通販ビジネスの世界でそれなりの経験を積んだ人材が先頭に立たなければ、ビジネスの成功は難しいでしょう。ところが現実には、素人だけで事業を立ち上げて結局失敗に終わる、というケースが後を絶たないのです。

誇大・虚偽表示の宣伝をしたり、行きすぎた景品を提供するなどして、薬事法や景品表示法に抵触してしまう……。あるいは業務委託料の相場がわからず、外注先からいいようにむしりとられてしまう。

または、「大手ECモールに出店したのはよかったが、手数料が予想以上で利益が出ない」「受注からコールセンター、発送システムまで自前で用意しようとしたものの、途中で資金が尽きてしまった」などなど……。

その一方で、経験者を仲間に迎えたら迎えたで、またまた頭の痛い問題が。小規模でスタートした組織にはありがちなことですが、仕事が経験者に集中してしまうのです。超多忙な彼、彼女に、周囲とナレッジを共有する暇などあろうはずがありません。疲弊しきった末にその人がパンクして、ある日辞めてしまったら——。その後はどうなるか、想像がつきますよね。

突然誰かが退職してしまった際に大きなダメージを受けないよう、日頃から仕事の属人化を防ぐ努力が大切です。

そもそも、仕事はチームでするもの。会社である以上、誰がやってもある程度は同じ品質を保てなければなりません。

しかし、そうは言っても実際には、社員の間で経験やスキルの差があるのも事実。そこで必要となるのが、業務プロセスの「見える化」です。

誰がどんな仕事を担当しているのか、作業の手順やインプット・アウトプットの流れはどのようになっているかなどを文書化・システム化して、個人ではなくチームに業務知識やノウハウが蓄積されるようにしましょう。

ちなみに僕が以前勤めていたベネッセコーポレーションには、過去のDMやチラシ、雑誌などの制作物が、社員なら誰でも見られるように共有フォルダにまとめられていました。それぞれの企画書、ターゲット、レスポンス率、属性、チャネルなどもすべて記録されていて、良かったもの、ダメだったものが一目瞭然。

企画に煮詰まったときやコピーに迷ったときなど、何かヒントはないかとよく見に行っていましたが、たいていの場合、答えは過去の膨大なデータや資料の中から導き出すこと

先人の教えに学ぶって、大切だよね

ができました。

こういう知の財産は、ビジネスを成功させる上で何ものにも増してかけがえのないもの。誰かの頭の中ではなく、組織全体で共有する仕組みを作りましょう。

改善アクション2

全体最適の視点で協働する

会社のためにと思う気持ちは同じなのに、フロントヤードとバックヤードが断絶してしまいがちなのは、業務の性質が違うため。

例えば、広告宣伝部門と品質管理部門は、一般的にあまり仲が良くないことが多いようです。片方は「皆をあっと言わせる広告で新商品を売り出したい」と思っている。しかしもう一方は、「冗談じゃない、ただでさえコスト削減と品質確保の板挟みで大変なのに」とイラつきっぱなし。

どちらかと言えば攻撃型の広告宣伝と、堅守を旨とする品質管理が対立するのは、どちらも精一杯の仕事をしようとしているから。決して悪いことではないのですが、肝心なのは攻守のバランス。どちらか一方が強すぎると、歪《いびつ》な組織になってしまいます。

フロント同士、バック同士の間でも対立は起こりえます。例えば同じ販売企画部門でも、広告宣伝チームと販売促進チームとではものの考え方、仕事の進め方が変わってきます。前者は新規顧客開拓、後者は既存顧客フォローが中心ですから、当然と言えば当然でしょう。限られた予算をどちらに多く振り分けるかでもめる会社も少なくありません。

いったい何が、こうした事態を招いてしまうのでしょうか？

一言で言えば、各部門の仕事に精通し、なおかつ他部署と連携を図る「奉行」がいないせい。販促部門を仕切る営業奉行、ＰＲを統括するＰＲ奉行、開発部隊を組織する開発奉行、物流の奉行、コールセンターの奉行、人事の奉行、品質管理奉行……。担当部門を仕切るのはもちろんのこと、自部門の利益に加えて会社全体を見渡せるのが奉行です。

それに加えて、これら奉行の仕事をすべてマネジメントする「大目付」のような存在も不可欠。業務内容はもちろん、数字のことも人材のことも理解していて、うまく全体をコントロールできる人――特にＢtoＣビジネスに精通した人材なら適任でしょう。

社員全員が自分の部門だけでなく、会社全体にとって今、何を最優先にすべきかを考えることも重要です。いわゆる全体最適の視点と協働の姿勢です。口で言うほど簡単なことではありませんが、普段からコミュニケーションの機会を設けて意思疎通を図ったり、ジョブローテーションを行うなどして、風通しを良くしておくことが大事です。

改善アクション3

数値目標をガラス張りにする

そうは言っても部門間の軋轢《あつれき》を排し、複雑に絡む業務や人材をうまくマネジメントしていくのはそう簡単なことではありません。

そこでぜひ取り入れたいのが、全員の数値目標をガラス張りにする次ページのような目標管理のシステムです。CPO、LTV、商品原価率、クレーム件数、システムの業務委託費、人件費…と、すべての目標が一目瞭然ですよね。これに加えて、それぞれの担当がやるべきアクションも具体的に示します。

これを見ると、一つひとつの数字が全社目標にリンクしていることが理解できます。

全社目標を数値化して部門に落とし込む

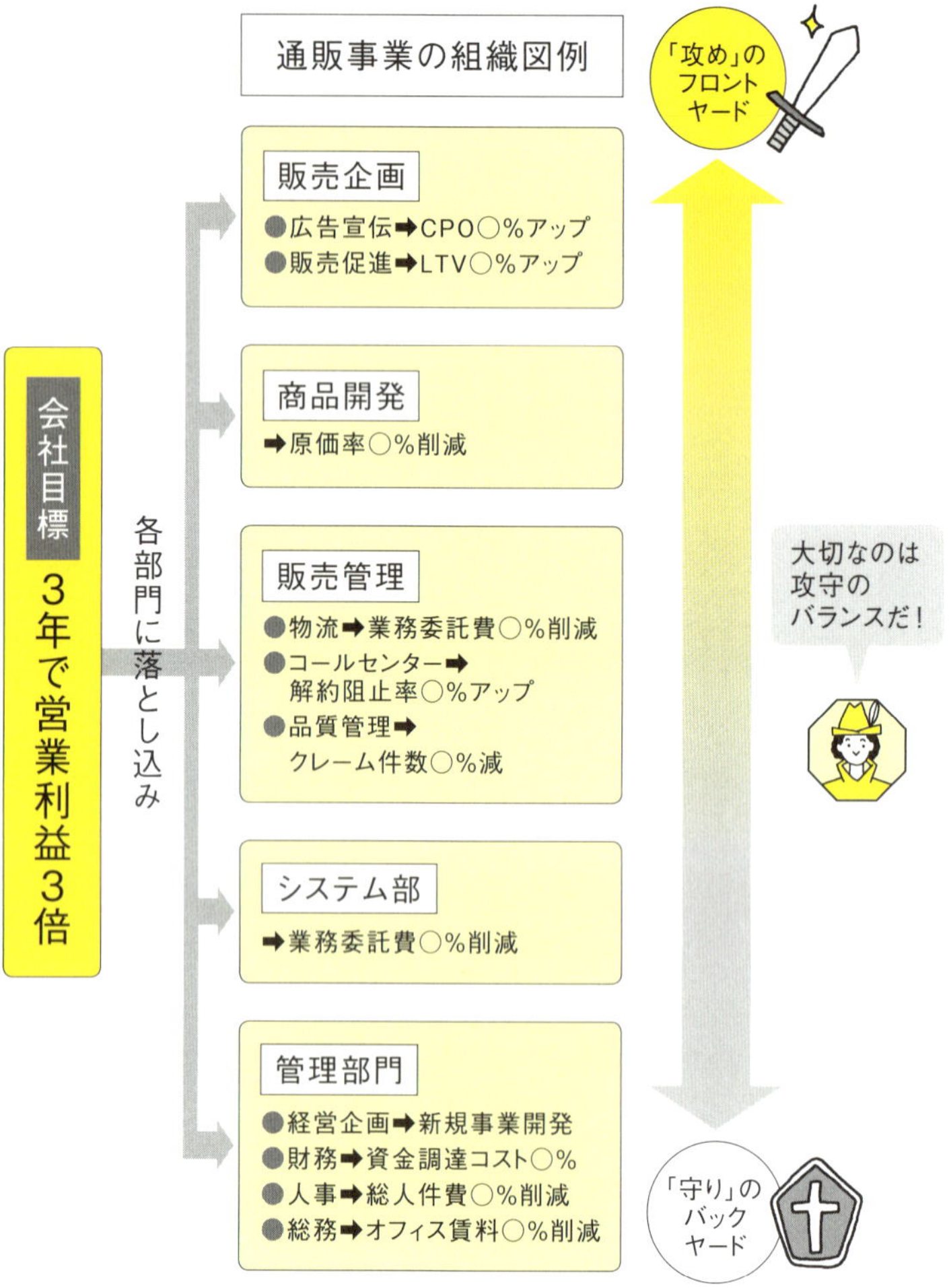

通販事業の組織図例
「攻め」のフロントヤード
販売企画
●広告宣伝➡CPO○%アップ
●販売促進➡LTV○%アップ
商品開発
➡原価率○%削減
会社目標
3年で営業利益3倍
各部門に落とし込み
販売管理
●物流➡業務委託費○%削減
●コールセンター➡解約阻止率○%アップ
●品質管理➡クレーム件数○%減
大切なのは攻守のバランスだ!
システム部
➡業務委託費○%削減
管理部門
●経営企画➡新規事業開発
●財務➡資金調達コスト○%
●人事➡総人件費○%削減
●総務➡オフィス賃料○%削減
「守り」のバックヤード

「会社全体で目標を達成するためには、まず自分たちが目標をクリアしなければ」
「そのためにはどんなアクション、努力が必要なんだろう」

そんな気づきがあれば行動目標も、上から与えられたものではなく、「自分のもの」になるはず。頑張れば頑張るほど貢献実感も湧いてくることでしょう。

各部門の目標数値は、それぞれ二つ設定しておくといいですね。一つは達成できそうな目標。もう一つは、かなり頑張らないと達成できそうもない目標。後者だけだと、「どうせ実現できない目標なんて」とやる気もなえてしまいますし、前者だけだと今ひとつ、挑戦心が湧いてきません。

この目標管理システムの優れた点はもう一つあります。

ほかの部門が何を目指し、どう頑張っているかが見えてくること。お互いの立場がわかってみれば組織と組織の壁、人と人の壁も超えられるのではないでしょうか。何より、よその部にも頑張ってもらわないと全体目標の達成が遠くなってしまうのですから、助け合

わなければなりません。

「皆で目標を共有しているんだ」という一体感を醸成するためには、このようにすべてを見える化する仕組みが不可欠なのです。

目標数値は年度ごとにチェックして、人事考課にも達成度を反映するようにしましょう。

改善アクション4
人は増やしすぎない

通販ビジネスの魅力の一つは、少数精鋭チームでも大きな収益が狙えるところ。何しろ、普通の物販で必要なリアル店舗がないのですから、賃料も光熱費も、さらに人件費も抑えることが可能です。たった八人で年商三〇億〜四〇億円規模の事業を回しているアパレル企業もあるほど。人件費は売上の五％以下になるよう計画しましょう。

問題はメンバーですが、最初は販促やPR、クリエイティブ担当など、フロント部門に強い人を中心に集めるのがいいでしょう。前のめりで事業を回してくれる、「やんちゃ系」

人材を仲間にすると、スタートアップにエンジンがかかります。

ただし、適材適所の人員配置は不可欠なので、「右脳役」のほかに「左脳役」も入れたいところ。右脳役にはクリエイティブなどを、左脳役には事業企画、販売企画、経理、品質管理などを任せましょう。

「こんな商品があったら絶対、面白いよね！」「この写真とキャッチなら、目立つこと間違いなし！」などと熱くなる人々がいる一方で、「ちょっと待てよ、当社のリスクは？」「資金は大丈夫？」と、冷静に物事を見つめる人たちもいる。役割分担のバランスをうまくとるのが強い組織への近道です。

社員以外に優秀な外部の人材をブレーンとして抱えておくことも大事です。必要なときに必要な知識やスキルをプロフェッショナルに提供してもらえば、より高い成果が得られるだけでなく、人件費を圧縮する効果も得られます。

通販に向く人、向かない人

ところで、通販ビジネスに向いている人材とは、どんな資質を持った人たちなのでしょうか?

僕は、大きく二つのタイプに分かれると思っています。

第一のタイプは「ホスピタリティの高い人」。

実際に商品を見て、手に取ることのできるリアル店舗と違って、商品の魅力が伝わりにくい通販では、消費者の悩みや強いニーズに直接的に訴えかける商品でなければまず売れません。

「ニキビに悩んでいる」「関節の痛みがつらい」といったユーザーの悩みを解消できる商

品こそが売れるのです。まだ立ち上げ期で、これから新規顧客獲得に乗り出そう、という場合は特にそう。

ですから、普段から人の話をよく聞いたり、注意深く観察したりしている人や、「困っている人を助けたい」「人に喜んでもらいたい」という誰かを思いやる心のある人材が、ヒット商品を生み出すケースが多いのです。

「どうしたらヒット商品が作れますか?」と聞かれたら僕はいつも、「顧客に憑《ひょう》依《い》するつもりになって開発してください」と答えています。

ちょっと怖いですか? でも、誰に売るのかというターゲティングを突き詰めると、「乗り移り力」になると思うのです。

例えば三三歳の男性が、ほうれい線を気にする四六歳の女性の気持ちになってクリームを開発するのは、口で言うほど簡単なことではありません。

「何でほうれい線なんだ? ほかにもシミやしわはいっぱいあるじゃないか」「そもそも誰も気にしてないよ」。男だったら普通はこう思うはず。でも、そんな気持ちで作った商

品は、たとえどんな有効成分が入っていても、やっぱり四六歳の女性の心を打つことはできないのです。

これは商品開発だけでなく、販促やカスタマーサービスも一緒。乗り移れるほど顧客の気持ちに寄り添えたら、自然に相手のニーズが見えてきて、高いホスピタリティを発揮できるようになります。

通販ビジネスに向く第二のタイプは、ズバリ「ゲーマー」。

事業をゲームとして楽しめる。課題の攻略法を考え、商品やブランドの人気に火がつくティッピングポイントを想定できる。通販事業は何しろデータ分析が肝心要なので、こういうタイプがいるとビジネスが成功しやすいのです。

ただしチーム作りにおいては、資質だけでなく、年齢的なバランスも重要です。中途採用で即戦力を増強することは大切ですが、それだけでなく新卒者もぜひ採用するようにしてください。

新卒社員は一般的に、会社や自社の商品・サービスに対して高いロイヤリティを持つ傾向があるもの。社会人としてのイロハから教え込むのは確かに大変ですが、効率重視で中途組みばかりを増やすと、ドライすぎる会社になってしまうので要注意です。

社内の人材の成長に合わせて、事業においてもビジネスの「型」ができて、ある程度、社内業務の形が固まってきたら、アウトソースをうまく活用するようにしましょう。バックヤード部門を専門会社に任せ、社員をフロント部門に集中させることによって、組織の生産性をより高めることができます。

クールな頭と高いモチベーションを持ち、そして何より通販に不可欠な勝利の方程式を理解したメンバーが集まれば、ビジネスの成功に必要なキーアイテムはすべて揃ったことになります。

さあ、いよいよ旅立ち、実践のときです。

宝探しの冒険へ旅立とう

「はじめに」でもお話ししたように、通販ビジネスは経営者、社員、アウトソーシーなど、メンバー全員で楽しむ、課題攻略ゲームのようなもの。

「ブランドの人気が定着し、既存顧客が増えてきた」
「今期の目標を上回る数字を達成できた」
「伸び悩んでいた新人が中心になって、ＬＰのＣＶＲが過去最高を記録した」

こんなふうにすべてが数値化できるから、達成感がある。小さな喜びも大きな喜びも皆で分かち合える。まるで宝探しのような楽しさが通販ビジネスにはあります。もしあなたがゲーム好きならもちろん、そうでなくとも必ずや、その醍醐味にはまるはず。
強くて愉快な仲間たちとともに、宝探しへの冒険へと旅立ちましょう！

仲間が揃えば、さあ旅立ちだ！

《組織》勝利の方程式

各部署のKPI

×

全社共有

×

優秀な外部ブレーン

＝

勝てるチーム

● 人件費 ≦ 売上×5%

あとがき

最後まで（中には最初にこれを読んでいる方もいるかもしれませんが）お読みいただき、ありがとうございました。ご満足いただけましたでしょうか？

「通販運営の指標が明確になった！」とか「自社の数値を改めて見直してみたい！」って思っていただければ幸いです。

本書は、主に、通販やネットショップを始めたての企業向けに書いたものなので、かなり入門的な内容になっています。でも、今までのどんな通販の教科書にも載っていない、そして僕自身、化粧品通販会社に在籍していた当時にはたどり着けなかった「ＫＰＩの基準値」を開示できたことは、大きな価値があると個人的に思っています。

実は、何を隠そう、当社がコンサルティングをする上で最初にすることも、この「ＫＰＩ診断」です。事実、ネットショップや通販会社が抱えている悩みやニーズは、基本的な

ＫＰＩとその数値目標をチェックすることで、ほとんど解決できます。

ところが、世の中には、「うちはネット専門なので」とか、「うちは新規獲得が強い」などと言っている通販コンサルティング会社がたくさんあります。でもこれって、実におかしな話だと思いませんか？

考えてもみてください。目の前の患者の話も聞かず、検査もせずに、どこが悪いかわからないまま、胃ばかりを治そうとする医者になんて、誰も診てもらいたくないですよね。

それは通販ビジネスでも同じ。自分の得意分野だけでなく、事業全体を見渡し、その中でいったいどこに問題があるのかをきちんと診断し、適切な改善方法を提示することが僕らコンサルタントの腕の見せどころです。その診断の大きな材料となるのが、「ＫＰＩ」なのです。

ちなみに当社のビジョンは、「世界をダイレクトマーケティングだらけにする」というシンプルなものです。生産者と消費者がダイレクトに結びつくことで、意識の高い生産者が増える。その結果、良い競争循環が生まれ、経済が成長する――。こんなワクワクする未来を実現するためには、ダイレクトマーケティングや通販ビジネスの裾野をもっともっと広げていく必要があります。ただ、何しろ〝世界〟が相手ですから、僕たちだけではとても手が足りないのも事実。

ですから、もしも名医が近くにいない場合は、まずは自分たち自身で、自社の問題がどこにあるのか、どこを改善するともう一つ上のステージに成長できるのかを、この本を参考にじっくり考えてみてください。

しかしながら、時代は刻々と変化しており、昨日の勝利の方程式が今日の都市伝説になっているケースも少なくありません。そうした意味で、各章で取り上げた数値指標や勝利の方程式は、あくまでも〝目安〟にすぎません。むしろ大切なのは、その背景にある〝考え方〟のほうです。これを重視しながら自社の成功を確実なものにしてほしいと思います。

当社では現在、自社のKPIを業界水準と比較し、改善ポイントを把握することができる「通販メーカー健康診断システム」の開発が佳境を迎えています。来年早々にはサービス提供を開始する予定ですので、そちらも楽しみにしていてください。

もちろん「もっと自社の課題に合わせて、高度なコンサルティングをしてほしい」という要望にも全力で応えさせていただきますので、気軽に相談いただければと思います。

本書を発行することができたのは、まず何と言っても、さまざまな実績をともに創り上げさせていただいた、クライアントの皆さまのおかげです。

ティーエージェントさま、ディセンシアさま、カゴメさま、アイムさま、小学館集英社プロダクションさま、ベネッセコーポレーションさま、アテニアさま、ポーラさま、キューサイさま、えがおさま、ハイサイド・コーポレーションさま、パシフィック プロダクツさま、健康コーポレーションさま、コンビネクストさま、ナックさま、日清ファルマさまをはじめ、その他多くの通販企業の皆さまのご理解とご協力があってのものです。

この場を借りて、改めてお礼を申し上げます。

中でも、「DMA国際エコー賞」を獲るきっかけを与えてくれた立命館大学の西能宏和くん、本当にありがとう。

また、五年目のおつきあいになるディセンシアの小林琢磨社長、いつもありがとうございます。当社を信頼していただき、二人三脚で取り組んできた成果が驚異的な成長につながったことを誇りに思い、心から感謝します。

さらに、五年間のおつきあいの中で、一二〇〇%の売上成長を達成されたスローヴィレッジの菊池健太郎社長、ありがとうございます。本社移転が羨ましいです。

そして、当社のビジョン体現のために、日々、テストマーケティングや、ナレッジの体系化、クリエイティブの実践を積み重ね、ともに戦ってくれているダイレクトマーケティングゼロの社員の皆。創業期から当社のクリエイティブ・クォリティを支えてくれている萩原良子さん、多くのクライアントさまの分析をスピーディーにこなす松澤加奈子さんの両マネジャーをはじめ、最高の仲間たちに巡り会えて幸せです。これからも結果と顧客満足を唯一の目標として頑張っていこう！

最後になりましたが、本書発行のきっかけを作ってくれたダイヤモンド社の今給黎健一さん、本書の企画・編集を担当してくれたダイヤモンド社の宮田和美さん、編集協力スタッフの西川敦子さん、相澤摂さんにも心より感謝申し上げます。わがまま三昧の僕におつきあいくださり、本当にありがとうございました。そして、この縁をつないでくれたコピーライターの山田歩さんもありがとう。また飲みに行こう！

「世界をダイレクトマーケティングだらけにする」ために、僕はこれからも邁進していくつもりです。生産者と消費者がダイレクトにつながるワクワクする世界を、あなたも一緒に作っていきませんか？

二〇一四年七月

ダイレクトマーケティングゼロ 代表取締役社長　田村雅樹

［著者］
田村雅樹（たむら・まさき）
株式会社ダイレクトマーケティングゼロ　代表取締役社長

1972年生まれ。早稲田大学法学部卒業後、通販大手のベネッセコーポレーションに勤務。同社で10年以上ダイレクトマーケティング業務に従事し、ナンバーワンのレスポンス率記録を持つ。ベネッセ退社後、大手通販化粧品「エクスボーテ」のCRM事業部長に就任。赤字事業を1年で黒字化、2年で300％以上の成長をさせる。
2009年に独立し、通販専門のコンサルティング会社「ダイレクトマーケティングゼロ」を設立。メーカーから教育機関にいたるまでさまざまな企業を顧客に持ち、通販事業の立ち上げ、立て直し、および売上増に貢献。その実績は国内外で認められ、2013年には「ＤＭＡ国際エコー賞」を受賞。日本郵便主催の「全日本DM大賞」では、金賞をはじめ通算15部門受賞。講演、寄稿等多数。一般社団法人通販エキスパート協会認定、通販エキスパート。

ゼロからはじめる通販アカデミー

2014年９月19日　第1刷発行
2021年５月11日　第4刷発行

著　者――田村雅樹
発行所――ダイヤモンド社
〒150-8409　東京都渋谷区神宮前6-12-17
https://www.diamond.co.jp/
電話／03･5778･7235（編集）　03･5778･7240（販売）
装丁――金井久幸（TwoThree）
イラスト――加納徳博（挿絵）、タナカユリ（マンガ）
編集協力――西川敦子、相澤摂
製作進行――ダイヤモンド・グラフィック社
印刷――勇進印刷（本文）・新藤慶昌堂（カバー）
製本――ブックアート
編集担当――宮田和美

ISBN978-4-478-02536-9